엄마아빠 안전여행 5개국어

1판 1쇄 2017년 9월 30일

저   자 Mr. Sun 어학연구소
펴 낸 곳 OLD STAIRS
출판 등록 2008년 1월 10일 제313-2010-284호
이 메 일 oldstairs@daum.net

가격은 뒷면 표지 참조
ISBN 978-89-97221-62-2
    978-89-97221-61-5 (SET)

이 책의 전부 또는 일부를 재사용하려면 반드시 OLD STAIRS의 동의를 받아야 합니다.
잘못 만들어진 책은 구매하신 서점에서 교환하여 드립니다.

English 🇬🇧 中国语 🇨🇳 日本語 🇯🇵 ภาษาไทย 🇹🇭 Tiếng Việt 🇻🇳

엄마 아빠 안전 여행

5개국어

OLD STAIRS

목 차
Table of contents

006 ~033
알고 가면
두렵지 않다,
국외여행 노하우

여권과 비자
환전
면세품 구매
짐 꾸리기
공항 이용 절차
출입국신고서/세관신고서

034 ~041
여행 전에
반드시 읽어야 할
국가별 주의사항

중국 여행 주의사항
일본 여행 주의사항
태국 여행 주의사항
베트남 여행 주의사항

042 ~307
여행지에서
꼭 필요한
회화

여행 회화
긴급 상황

308 ~319
여행지에서
더 요긴한
부록

나의 지병 체크하기
배우자의 지병 체크하기
현지 병원에서
휴대전화 이용하기
길을 잃었을 때

알고 가면 두렵지 않다,
국외여행 노하우

여권과 비자

우선 여권과 비자의 차이를 알아보자.
기본적으로 국외 여행이란,
우리나라에서 다른 나라로 가는 것이다.
따라서 우리나라와 당신이 여행하게 될 국가,
양국의 허가를 모두 받아야 한다.

이때 우리나라의 허가를 증명하는 것은 여권이고,
다른 나라의 허가를 증명해 주는 것이 바로 비자다.

여권		비자
우리나라	**누가 주나?**	다른 나라
수첩	**어떻게 생겼나?**	서류로 발급 여권 내지에 붙여 줌
가까운 구청의 민원여권과	**신청 방법**	대사관 방문, 인터넷 * 나라마다 차이가 있음
보통 10년	**유효 기간**	체류 기간에 따라 신청

우리나라의 허가
여권

여권은 우리 정부가 자국민의 해외 여행을 허가한 문서로, 외국에서 여행자의 국적·나이 등의 신분을 증명할 수 있는 일종의 신분증이다.

여권을 발급하기 위해서는 먼저 여권에 사용할 증명사진을 촬영해야 한다. 사진관에 여권 발급 용도로 사진을 찍는다고 얘기하면, 알아서 규정에 맞추어 사진을 찍어준다.

사진 수령 후에 신분증을 지참하여 가까운 구청의 민원여권과에 방문하면 된다. 37세 이하 남성의 경우 병역관계서류를 첨부해야 하는 경우도 있으므로, 사전에 필요한 서류를 확인해야 한다.

다른 나라의 허가
비자

비자는 외국인에게 입국을 허가하는 증명서로, 입국사증이라고도 한다. 해외 체류 목적에 따라 비자의 유형도 다양하다.

그러나 보통 90일 미만의 단기 여행 시에는 비자가 필요하지 않은 경우가 많다. 관광 사업 증진 등의 목적으로, 보통 국가 간에 비자면제협정을 체결하는 경우가 많기 때문이다. 따라서 사전에 방문하려는 나라의 비자 규정을 확인해 보아야 한다.

환전

환전은 단순히 현금과 현금을 교환하는 것이 아니다.
환전에는 여러 가지 방법이 있고,
고려해야 할 사항도 많다.

그중 대표적인 환전 수단인 현금과 신용카드의
장단점을 비교해 보자.

현금		신용카드
높음	**경제성**	낮음
높음	**편리성**	보통
낮음	**휴대성**	높음

환전 방법 1
현금 환전

현금 환전의 가장 큰 장점은 다른 환전 수단보다 수수료율이 낮다는 것이다. 다만 인천공항에 있는 환전소들은 환전이 용이한만큼 수수료율이 높은 편이기 때문에, 되도록 공항에 가기 전 미리 환전해 두는 것이 좋다.

현금 환전의 장점은 낮은 수수료율만이 아니다. 현금으로 환전하면 원하는 곳 어디에서나 결제할 수 있다. 보통 외국은 신용카드 가맹 점포가 우리나라에 비해 많지 않아, 현금이 아니면 결제할 수 없는 곳이 많다. 따라서 여행 중에는 언제나 약간의 현금을 지니고 있는 것이 좋다.

그러나 현금은 도난당할 우려가 높아 보안성이 떨어지는 것이 큰 단점이다.

환전 방법 2
신용카드

신용카드 사용은 현금 환전보다 환전 수수료율이 높은 편이며, 결제 당시가 아니라 청구 시점의 환율에 의해 결제 금액이 결정되므로 여행지에서 얼마를 사용했는지 계산하기 어려워 초과 경비가 발생할 수 있다는 단점이 있다.

그러나 우리나라와 다르게 해외에서는 대부분 신용카드 결제 시마다 pin(개인 식별 번호)을 입력해야 하므로 안정성이 비교적 높은 결제수단이다. 또한, 환전해 둔 현금이 모자랄 때 신용카드는 더할 나위 없이 유용한 환전 수단이 될 수 있다.

면세점 이용

면세품 구매는 여행에서 빼놓을 수 없는 코스다. 면세품을 판매하는 면세점의 유형은 매우 다양한데, 유형에 따라 장단점도 뚜렷한 편이다.

국내 시내 면세점

면세점은 공항에만 있는 것이 아니다. 백화점이나 호텔 등을 다니다 보면 시내인데도 불구하고 면세점을 발견하게 되는 경우가 있다. 이를 시내 면세점이라고 한다.

이곳의 장점은 비행기 탑승시간에 구애받지 않고 느긋하게 물건을 고를 수 있다는 것으로, 옷이나 신발과 같이 직접 착용해보는 것이 좋은 물건은 시내 면세점에서 쇼핑하는 것이 좋다.

이곳에서 면세품을 사려면 항공권과 여권을 소지하고 있어야 한다. 여권의 경우 사본도 가능하며, 항공권은 소지하고 있지 않더라도 정확한 탑승 시간과 편명을 알고 있어야 면세품 구매가 가능하다. 그리고 면세품은 구매와 동시에 받는 것이 아니라 공항에서 받아야 한다.

그러나 공항 면세점처럼 여러 업체가 한곳에 모여 있지 않아, 물건끼리 비교하고 구매하기 어렵다는 단점이 있다.

국내
공항 면세점

공항 면세점은 여러 업체가 한곳에 모여 있어 취급하는 물건의 수가 매우 많다. 그러니 수많은 물건을 차분하게 구경하기 위해서는, 적어도 비행기 출발 3~4시간 전에 공항에 도착해야만 한다.

국내 시내 면세점보다 면세품의 가격이 다소 비싼 것도 흠이다. 시내 면세점보다 시간적 여유는 적지만, 보다 다양한 물건을 한 번에 비교할 수 있다는 장점이 있다. 또한, 공항 리무진 버스나 여행사 등에서 면세점 할인 쿠폰을 제공하는 경우가 많아, 이를 잘 이용하면 저렴한 가격에 면세품을 살 수 있다.

공항 면세점		시내 면세점
낮음	**경제성**	높음
높음	**접근성**	낮음

국내 · 국외
기내 면세점

기내 면세점은 항공기 내에 있는 면세점이다. 대부분의 경우 기내에 점포가 따로 없고, 승무원이 직접 카트를 끌고 와서 면세품을 판매한다.

보통 기내 면세점을 이용할 때는 출국 편 비행기에서 면세품 가격을 알아 두었다가, 현지 면세점 가격과 비교해 보고 입국 편 비행기에서 물건을 구매한다. 입국 편 비행기에서 면세품을 구매하게 되면, 여행 일정 막바지에 구매하는 것이므로 여행 시 물품을 가지고 다녀야 하는 불편함이 없기 때문이다.

그러나 출발할 때 일정에 쫓겨 주류나 담배 등을 미리 구매하지 못했다면, 출국 편 비행기의 면세점은 그야말로 사막의 오아시스나 다름이 없다.

무엇보다 편히 앉아 카탈로그를 뒤적거리며 면세품을 구매할 수 있다는 것은 여독으로 지친 몸에 뿌리칠 수 없는 유혹이 될 것이다. 그러나 카탈로그에 있는 물건이라도 실물을 직접 볼 수 없는 경우가 많아 물건을 직접 받았을 때 실망할 수도 있다.

유의할 점은 저가 항공사일수록 면세품을 비싸게 판매하고, 국적기와 같은 고가 항공사의 경우 면세품을 싸게 판매하는 경향이 있다는 것이다.

국외 현지 면세점

색다른 물건들이 진열된 국외 면세점을 이용하는 것은 쇼핑에 즐거움을 더해줄 것이다. 게다가 여행을 마치고 돌아오는 길에 물건을 사는 것이므로 가장 편리하다.

그러나 대부분의 국외 면세점은 인천공항 면세점보다 비싼 편이다. 인천공항 면세점은 세계적으로 가격이 저렴한 편에 속하기 때문에, 고가의 물건은 되도록 국내 면세점에서 구매하는 것이 좋다.

국내 면세점		국외 면세점
평소에 갖고 싶었던 고가의 물건	**사야 할 물건**	현지 특산품
높음	**경제성**	낮음
낮음	**편리성**	높음

짐 꾸리기

수화물에 대한 규정은 항공사별로 차이가 있다.
따라서 짐을 챙기기 전에
본인의 티켓이 허용하는 수화물의 범위를
확인해 보는 것이 좋다.

두 종류로 구분하자
가벼운 짐과 무거운 짐

무거운 짐을 끌고 면세점을 돌아다니고 싶은 사람은 없다. 그러므로 되도록 많은 짐을 체크인하는 것이 좋다. 그러나 체크인 짐의 무게가 규정을 초과하는 경우, 항공사는 매우 비싼 초과운임을 요구한다. 이때 우리는 다급하게 체크인 가방을 열어, 짐의 일부를 핸드캐리 가방으로 옮겨 담게 된다. 이때를 대비해 무거운 물건들은 따로 챙겨놓는 것이 좋다.

체크인	내용물	핸드캐리
주로 무거운 것들		주로 가벼운 것들
X	기내 반입	O
O	액체	X

체크인
맡기는 짐

비행기 탑승 전에 따로 짐을 부치는 것을 말한다.
항공사나 여행 구간에 따라
가져갈 수 있는 무게와 개수가 달라진다.

1순위 — 기내 반입 금지 물품 (주류 등 액체, 타인에게 위험이 되는 물건)

2순위 — 가벼운 것 (의류)

3순위 — 무거운 것 (들고 다니기에 무거운 것들)

핸드캐리
들고 타는 짐

비행기에 들고 타는 짐이다.
일반적으로 작은 캐리어 1개로 제한하고,
캐리어 부피에 제한을 둔다.

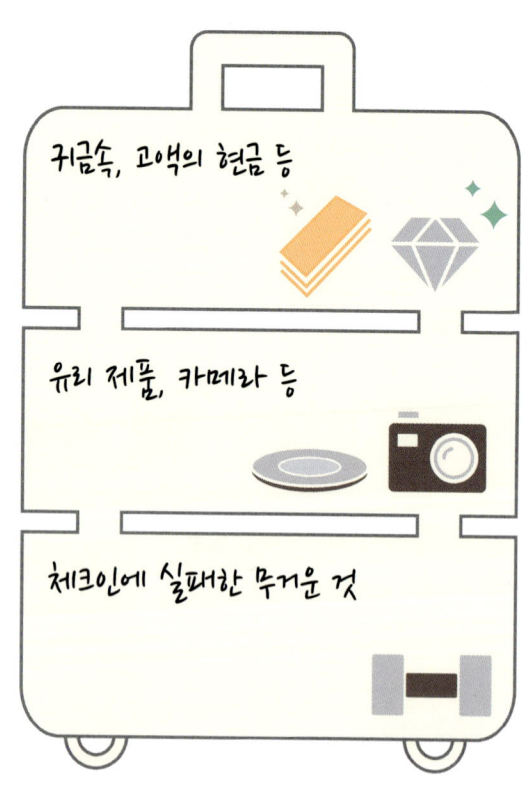

1 순위
귀중품

2 순위
깨지기 쉬운 물건

3 순위
체크인 못한 무거운 것

손가방
휴대하는 짐

핸드캐리한 캐리어는 비행 중 쉽게 접근하기 어렵다.
좌석 위 캐비넷에 보관하기 때문이다.
따라서 비행 중 편하게 사용해야 할 물건들이 있다면,
따로 작은 가방에 담아두는 것이 좋다.

상비약, 간식, 전자제품 등

공항 이용 절차

1 티켓 발권

2 짐 체크인
항공사 카운터
여권, 티켓 준비

3 환전, 로밍
핸드폰, 신분증 준비

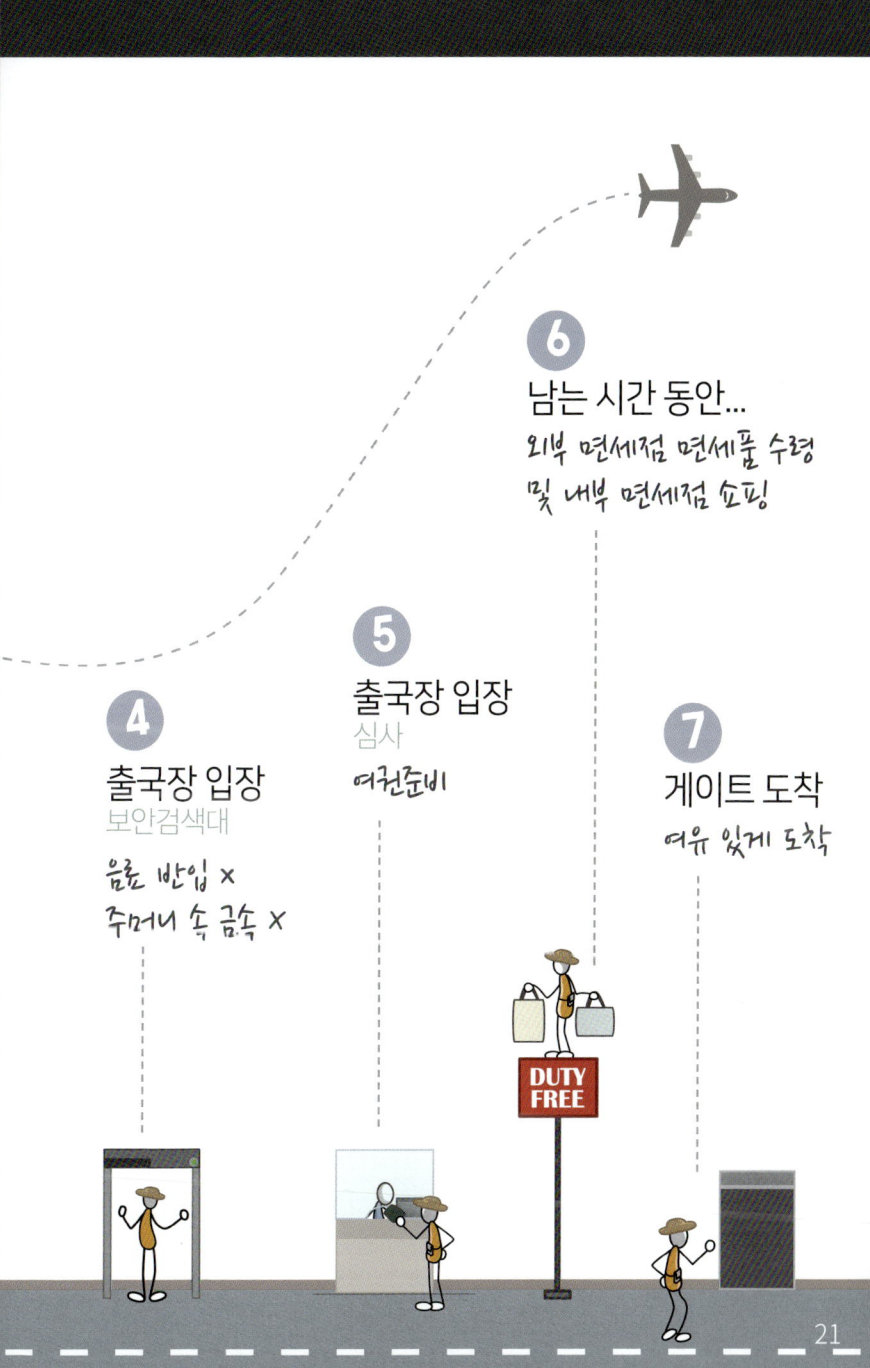

출입국신고서 & 세관신고서

Arrival Card

Last Name
Hong

First Name
GilDong

Date of Birth YY/MM/DD
60 / 05 / 22

Passport Number(No.)
MA-11108887

Nationality
South Korea

Male ✓
Female ☐

Address in the OOO
Abc Hotel, cebu

Purpose of Visit
Visit ☐
Sightseeing ✓
Business ☐

Occupation / Work
Farmer

Flight No.
aa 777

Signature of Passenger
(signature)

출입국신고서

성 홍	여권 번호 MA-11108887
이름 길동	국적 대한민국
출생한 날짜 연/월/일 60 / 25 / 20	남성 ✓ 여성 ☐

현지에서 체류할 주소

Abc 호텔, 세부

방문의 목적	직업
방문 ☐	농부
관광 ✓	비행기 번호 aa 777
사업 ☐	승객의 서명

Customs Declaration

Last Name	Passport Number(No.)
Hong	MA-11108887
First Name	Passport Issued by
GilDong	South Korea
Date of Birth	Country of Residence
22 / 05 / 61 DD/MM/YY	South Korea

Address in the OOO

Abc Hotel, Cebu

The primary purpose of this trip is business.   Yes ☐ No ✓

I am(We are) bringing
- (a) fruits, plants, food, insects: Yes ☐ No ✓
- (b) meat, animals, animal/wildlife products: Yes ☐ No ✓
- (c) disease agents, cell cultures, snails: Yes ☐ No ✓
- (d) soil or have been on a farm/ranch: Yes ☐ No ✓

I am(We are) carrying
currency or monetary instruments
over $10,000 U.S or foreign equivalent: Yes ☐ No ✓

Date(day/month/year)	Signature of passenger
31 / 08 / 17	洪

세관신고서

성	여권 번호
홍	MA-11108887
이름	여권 발행국가
길동	대한민국
출생한 날짜	거주 국가
22 / 05 / 61 일/월/연	대한민국

현지에서 체류할 주소

Abc 호텔, 세부

이번 여행의 일차적 목적은 사업입니다.   Yes ☐ No ✓

나(우리)는 (다음의 물건을) 휴대하고 있습니다.
 (a) 과일, 식물 식품, 곤충: Yes ☐ No ✓
 (b) 고기, 동물, 동물/야생생물 제품: Yes ☐ No ✓
 (c) 병원체, 세포 배양물, 달팽이: Yes ☐ No ✓
 (d) 흙 또는 농장/목장에 다녀왔음: Yes ☐ No ✓

나(우리)는 미화 1만 달러 이상
또는 그에 상당한 외화금액의 통화   Yes ☐ No ✓
또는 금전적 수단을 소지하고 있음:

날짜(일/월/연)	승객의 서명
31 / 08 / 17	洪

손짓, 발짓으로는 해결되지 않는 것이
출입국신고서와 세관신고서를 작성하는 일이다.

한국인이 주로 찾는 몇몇 국가의
출입국신고서 및 세관신고서에는
영문과 함께 한글이 실려 있는 경우도 있다.
그러나 한글이 함께 실려 있다고 해서
한글로 작성할 수 있는 것은 아니다.

출입국신고서와 세관신고서는 일반적으로
옆의 예시처럼 영문으로 작성한다.
혹시라도 잘못 작성하게 되면
입국절차에 문제가 생길 수 있으므로 유의해야 한다.

운 좋게 옆 사람의 도움을 받을 수 있다면 좋겠지만,
그렇지 않을 때를 대비해서 관련 표현들을 익혀놓자.

나라마다 사용하는 표현이 조금 다르므로,
같은 의미의 표현 여러 개를 정리해 두었다.

출입국신고서   세관신고서

사람	**신고의 대상**	물건
영문	**작성**	영문

Family name 가족 이름	패밀리 네임	**성**
Last name 마지막 이름	라스트 네임	
Surname 성	써네임	
First name 첫 번째 이름	퍼어스트 네임	**이름**
Given name 주어진 이름	기븐 네임	
Middle name 중간 이름 한국인에게는 미들네임이 없으므로 비워두자.	미들 네임	**미들 네임**
Gender 성별	젠더	**성별**
Male 남성	메일	**남성**
Female 여성	피이메일	**여성**
Date of birth 날짜 ~의 출생	데잇 어브 버어뜨	**출생일**

Year 연	이이어	**연**
Month 월	먼뜨	**월**
Day 일	데이	**일**

영어로는 보통 '일, 월, 연'의 순서로 사용한다.

Nationality 국적	내셔널리티	**국적**
Citizenship 시민권	쓰이티즌쉬입	
Place of birth 장소 ~의 출생	플레이쓰 어브 버어뜨	**출생지**
Country of residence 국가 ~의 거주	컨트뤼 어브 뤠지던쓰	**거주국**
Country of first departure 국가 ~의 첫 번째 출발	컨트뤼 어브 퍼어스트 디파아쳐	**출발국**

보통 '국적, 출생지, 거주국, 출발국'은 한국이다.

Contact number 카안택트 넘버 접촉 번호 해외에서 본인-의 휴대전화번호를 적을 때는 010 대신 8210을 붙여준다.		연락처
E-mail address 이이메일 어드뤠쓰 이메일 주소		이메일 주소
Address in the Philippines 어드뤠쓰 주소 인 더 필리핀즈 필리핀에서		머물 곳의 주소
Intended address in China 인텐디드 어드뤠쓰 의도된 주소 인 챠이나 중국에서		

여행의 목적

'여행 혹은 방문의 목적'은
여러 개의 항목 중 하나를 선택해 표시한다.
보통은 '관광, 사업, 친지 방문' 중 하나를 선택한다.
관광이나 사업이라고 하면 묵게 될 호텔 주소를,
친지 방문이라고 하면
친지의 주소를 요구받을 수 있다.

Purpose of travel 목적　～의 여행	퍼어뻐쓰 어브 트뤠블	**여행의 목적**
Purpose of visit 목적　～의 방문	퍼어뻐쓰 어브 비짓	**방문의 목적**
Check one only 체크　하나　오직	췍 원 오운리	**하나만 체크**
Sightseeing 관광	싸이트씨잉	**관광**
Vacation 휴가	베이케이션	**휴가**
Business 사업	비지니쓰	**사업**

Signature of passenger 서명 ~의 승객	쓰이그너쳐 어브 패쓰인져	**승객의 서명**
For official use only ~위한 관공서 사용 오직 출입국심사소나 세관에서 사용하는 칸으로, 비워두어야 한다.	포어 어피셜 유우즈 오운리	**공항 직원 사용 칸**

항공 / 여권 / 비자

Flight number 비행 번호	플라잇 넘버	**항공기 번호**
Passport number 여권 번호	패스포어트 넘버	**여권 번호**
Visa number 비자 번호	비이자 넘버	**비자 번호**
Place of issue 장소 ~의 발행	플레이쓰 어브 이쓔우	**비자 발급지**
Date of issue 날짜 ~의 발행	데잇 어브 이쓔우	**비자 발행일**

이제 출입국신고서와 세관신고서를 작성해보자.

Arrival Card

| Last name | Passport Number(No.) |

| First name | Nationality |

| Date of birth YY/MM/DD | Male ☐ Female ☐ |

Address in the OOO

Purpose of visit	Occupation / Work
Visit ☐	
Sightseeing ☐	Flight No.
Business ☐	
⋮	Signature of passenger

Customs Declaration

Last name	Passport Number(No.)
First name	Passport issued by
Date of birth DD/MM/YY	Country of Residence

Address in the OOO

The primary purpose of this trip is business. Yes ☐ No ☐

I am(We are) bringing
 (a) fruits, plants, food, insects: Yes ☐ No ☐
 (b) meat, animals, animal/wildlife products: Yes ☐ No ☐
 (c) disease agents, cell cultures, snails: Yes ☐ No ☐
 (d) soil or have been on a farm/ranch: Yes ☐ No ☐

I am(We are) carrying
currency or monetary instruments Yes ☐ No ☐
over $10,000 U.S or foreign equivalent:

Date(day/month/year)	Signature of passenger

중국 여행 주의사항

1. 택시를 탈 때는 미리 잔돈을 준비하기

막 환전을 끝낸 관광객들의 경우 택시비를 100위안짜리로 내고 잔돈으로 바꾸려는 경우가 있는데, 이것은 위험한 일이다. 받은 돈을 순간적으로 위조지폐로 바꿔치기한 다음 되돌려주는 택시 기사들이 있기 때문이다.

2. 흥정은 필수!

현지인도 어수룩해 보이면 바가지를 쓰는데, 하물며 외국인은 더 말할 것도 없다. 여러 가게에서 흥정하다 보면, 물건의 시세도 알 수 있고 더 저렴하게 살 수 있다.

3. 현금 위주로 준비하기

중국인들은 현금을 선호하기 때문에 카드를 받지 않는 가게가 많다. 그래서 현금 위주로 사용하고 신용카드는 비상용으로 두는 것이 좋다. 만약 카드로 계산하고 싶으면 먼저 카드를 받는지 물어봐야 한다.

4. 신호등은 너무 믿지 말기

횡단보도 신호가 바뀌었다고 바로 건너는 것은 위험할 수 있다. 주위에 차가 오는지 반드시 살피고 나서 건너야 한다.

5. 손가락질 하지 않기

우리나라에서도 손가락질은 예의 없는 행동이지만, 중국에서는 더 무례한 행동이다. 주로 싸울 때 손가락질을 하기 때문이다.

6. 어댑터 준비하기

중국은 우리와 같은 220v 전압을 사용하지만, 동그란 콘센트와 삼지창 모양의 콘센트 둘 다 사용한다. 그러나 간혹 삼지창 모양 콘센트밖에 없는 곳도 있으므로 어댑터를 준비하는 것이 좋다.

7. 물은 셀프로 갖고 다니기

중국 식당에서 주는 물은 보통 수돗물이다. 수돗물에는 석회질이 많으므로 될 수 있으면 생수를 구비하는 것이 좋다.

8. 찬물은 잠시 포기하기

중국 사람들은 건강에 좋지 않기 때문에 차가운 물을 잘 마시지 않는다. 그래서 한여름에도 식당에서 뜨거운 물을 준다.

9. 샹차이는 미리 빼달라고 하기

우리말로는 고수풀이라고 하는 '샹차이'는 중국인이 아주 좋아하는 풀이다. 동남아 요리에서 주로 맡을 수 있는 향이 나는데, 향이 매우 강하고 낯설기 때문에 주의해야 한다.

일본 여행 주의사항

1. 택시는 가능한 한 피하기

일본의 택시비가 비싸다는 건 이미 널리 알려진 사실이다. 따라서 정말 급한 상황이 아니면, 택시를 이용하지 않는 편이 좋다.

2. 대중교통 이용 시 전화하지 않기

대부분의 일본 사람들은 타인에게 폐 끼치는 것을 좋아하지 않는다. 그 때문에 지하철이나 버스 안에서는 전화 통화도 하지 않을뿐더러 일행끼리 대화도 작은 목소리로 하는 편이다.

3. 좌측통행하기

우리나라와 달리 일본은 왼쪽으로 다닌다. 특히 에스컬레이터를 탈 때 한 줄로만 서고 오른쪽은 비워 둬야 한다.

4. 길에서는 금연하기

일본이 흡연자의 천국이라고 불리긴 하지만 길거리 흡연은 엄연히 불법이다. 흡연은 꼭 지정된 장소에서만 해야 한다.

5. 돼지코 준비하기

일본에서는 110v 전압에 11자 형 콘센트를 사용하기 때문에, 돼지코 어댑터를 준비하는 것이 좋다.

6. 상점의 전기는 쓰지 않기

우리나라에서는 카페나 식당에서 휴대폰 충전을 하는 것이 흔한 경우인데, 일본은 그렇지 않다. 가게의 전기는 그 가게의 재산이라는 인식이 있기 때문이다. 따라서 보조배터리를 챙기는 편이 좋다.

7. 현금 위주로 준비하기

뜻밖에 카드 계산이 되지 않는 가게들이 많다. 그래서 신용카드는 비상용으로 사용하고, 현금을 넉넉히 들고 다니는 것이 좋다. 카드로 계산하고 싶으면, 먼저 카드를 받는지 물어봐야 한다.

8. 돈은 바구니에 올려놓기

은행에서 사용하는 바구니가 가게 계산대에 놓여 있는 것을 보았다면, 돈은 종업원의 손에 건니지 말고, 바구니 위에 올려두면 된다. 이는 받은 돈과 거스름돈을 정확하게 손님에게 보여주기 위함이라고 한다. 카드도 그냥 바구니에 두면 된다.

9. 반찬은 추가금액 내기

식사에 기본적으로 반찬이 포함되어 있는 우리나라와 다르게, 일본은 반찬을 추가해야 하며, 물론 추가금액이 발생한다.

태국 여행 주의사항

1. 전자담배는 가져가지 않기

태국은 흡연을 엄격하게 규제하고 있는 나라다. 특히 전자담배는 사용은 물론 소지 자체가 불법이기 때문에 가져가지 말자. 일반 담배는 1인당 200개비(1보루)까지 소지할 수 있다. 이를 위반할 경우 소지하고 있는 담배 수량에 비례하여 벌금이 부과되는데 생각보다 벌금이 꽤 비싼 편이다.

2. 휴지는 셀프로 갖고 다니기

태국 화장실에는 휴지가 없을 수도 있다. 뒤처리를 휴지 대신 물로 해결하는 경우가 많기 때문인데, 이런 문화에 적응하기 힘들다면 휴지를 꼭 챙겨 다니자.

3. 머리 만지지 않기

태국 사람들은 머리에 혼이 들어있고, 누군가 머리를 만지면 혼이 떠나가 불행이 닥칠 거라 믿는다. 이 때문에 아이가 귀엽다고 무심코 머리를 쓰다듬으면 큰 싸움으로 번질 수 있다.

4. 왼손은 잠시 넣어두기

왼손은 '화장실에서 볼일 볼 때 사용하는 손'이라는 인식이 있다. 그 때문에 돈이나 물건을 주고받을 때 오른손을 사용하는 것이 에티켓이다.

5. 태국은 입헌군주제

태국은 입헌군주제 국가이며, 왕실의 권위가 꽤 높은 편이다. 태국의 지폐엔 국왕의 얼굴이 그려져 있는데, 이를 훼손하거나 밟는 것은 왕을 모욕하는 범죄가 된다. 또한, 왕을 비방하는 것 역시 불법이며, 태국 사람들의 정서에 크게 반하는 행동이니 주의해야 한다.

6. 사원에서 단정한 옷차림은 필수

사원이나 궁전을 방문할 때는 옷차림을 단정하게 해야 한다. 사원 방문 시, 민소매나 짧은 바지를 착용할 경우 입장을 거절당할 수 있다. 게다가 왕궁은 사원보다 옷차림 규제가 더 까다롭다. 민소매, 배꼽티, 찢어진 청바지, 심지어 슬리퍼도 입장 금지의 사유가 되니 주의하자.

7. 식수는 구입하기

태국 수돗물에는 석회질이 많아서 태국 사람들도 물을 사 먹는 편이다. 따라서 생수 시장 규모가 큰 편으로 브랜드도 다양하다. Nestle나 AURA, Mont Fleur 등에서 나오는 광천수가 유명하고 품질도 좋으니 참고하도록 하자.

베트남 여행 주의사항

1. 일찍 일찍 다니기

베트남 사람들은 새벽 일찍부터 하루를 시작한다. 그 때문에 상점의 개점 시각이 이른 편이지만, 그만큼 가게 문도 빨리 닫는다. 오후 8시쯤에는 대부분 가게가 문을 닫으니 필요한 것은 미리미리 구매해 두는 것이 좋다.

2. 소매치기 주의하기

세계 어느 곳에 가더라도 외국인은 소매치기를 당하기 쉽다. 사람 많은 곳에 갈 때 귀중품은 가져가지 않는 것이 좋으며, 길거리에서 휴대폰이나 지갑을 꺼내는 행동은 위험할 수 있다. 베트남은 오토바이를 이용한 소매치기가 많으므로 돈도 잃고 부상을 입을 수도 있으니 항상 주변을 살펴야 한다.

3. 오토바이 조심하기

오토바이가 많으므로 차도는 물론 인도에서도 안전에 유의하자. 신호등이 파란 불이어도 반드시 주변을 살핀 뒤 건너야 한다.

4. 택시요금에 유의하기

택시 기본요금이 지역과 차종에 따라 다르며, 미터기가 올라가는 속도 또한 제각각이다. 간혹 미터기가 비정상적으로 빠르게 올라가는 경우가 있으므로 유심히 살펴야 한다.

5. 환전은 현지에서 하기

여행사, 호텔 등에서 달러화 사용이 가능하다. 참고로, 한국에서 원화를 베트남 동화로 환전하면 환전 수수료가 많이 든다. 따라서 현지에서 환전하는 것이 유리하다.

6. 환전은 조금씩, 쓸 만큼만

달러화를 베트남 동으로 환전하기는 매우 쉽지만, 반대로 베트남 동을 달러로 환전하는 것은 어렵다. 그리고 가능하다고 해도 큰 손해를 봐야 한다.

7. 손상된 지폐는 거절하기

베트남 상인들은 손상된 지폐를 받지 않는다. 단지 귀퉁이가 조금 찢어셨을 뿐인데도 거절힌다. 띠리서 우리도 이러한 지폐를 거절해야만 한다. 만약 이러한 지폐를 받는다면 결국 휴지통에 버리게 될 것이다.

8. 물은 직접 갖고 다니기

대부분의 식당에서는 물 대신 차를 제공한다. 생수를 달라고 하면 수돗물을 줄 수도 있으니 생수를 사서 마시는 것이 좋다.

PART 01
여행 회화

안녕하세요. (안녕.)
Hello. / Hi.

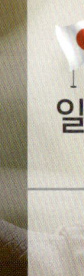
영어

일본어

중국어

태국어

베트남어

일본어에서는 시간대별로
인사말을 구분해서 사용하지만,
이와 무관하게 사용할 수 있는
말이 있습니다.
바로 도오모 どうも 입니다.

말 자체의 뜻은 '정말'이라는 뜻이지만
종종 '안녕하세요', '미안합니다',
'고맙습니다'를 대신해서 쓰기도 합니다.

헬로우. 하이.
Hello. Hi.
안녕하세요. 안녕.

도오모.
どうも。
참으로.

니 하오.
nǐ hǎo.
你 好.
너 좋다.

사왓 디 크랍.
สวัสดี ครับ.
안녕 요.

씬 짜오.
Xin chào.
안녕하세요.

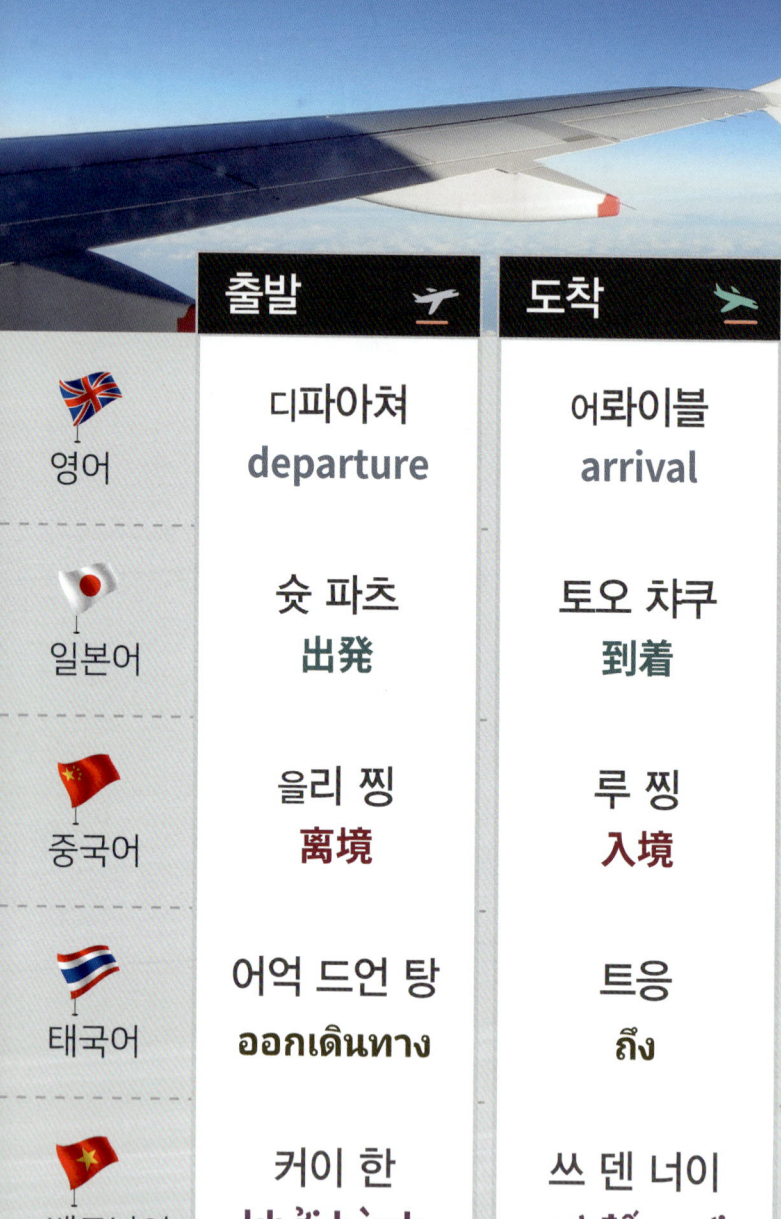

	출발 ✈	도착 ✈
영어	디파아쳐 departure	어롸이블 arrival
일본어	슛 파츠 出発	토오 챠쿠 到着
중국어	을리 찡 离境	루 찡 入境
태국어	어억 드언 탕 ออกเดินทาง	트응 ถึง
베트남어	커이 한 khởi hành	쓰 덴 너이 sự đến nơi

문 (게이트)

게잇
gate

몬
門

쟈 커우
闸口

쁘라 뚜
ประตู

꽁
cổng

면세점

듀우티 프뤼이 샤압
duty free shop

멘 제에 텐
免税店

미엔 쒜이 띠엔
免税店

라안 카 쁘럿 파쓰이
ร้านค้าปลอดภาษี

끄어 항 미엔 뛔
cửa hàng miễn thuế

안녕하세요. (오전)
Good morning.

영어

일본어

중국어

태국어

베트남어

중국 사람들은
아침 식사를 중요하게 생각합니다.
그래서 이른 새벽, 거리에 나가보면
아침 식사를 판매하는 노점을
쉽게 찾아볼 수 있습니다.

중국인이 주로 아침 식사로 먹는
두유(떠우찌앙, 豆浆)와
튀긴 꽈배기(여우탸오, 油条)는
한국인의 입맛에도 잘 맞는 편입니다.

구드 모어닝.
Good morning.
좋은 아침.

오하요오.
おはよう。
안녕. / 안녕하세요 오전 .

자오 썅　하오.
zǎo shàng　hǎo.
早上　好.
아침　좋다.

사왓 디 (떤 차우)　크랍.
สวัสดี (ตอนเช้า)　ครับ.
안녕(오전에)　요.

짜오　부오이 쌍.
Chào　buổi sáng.
안녕하세요　아침.

안녕하세요. (오후)
Good afternoon.

영어

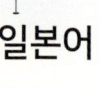
일본어

중국어

태국어

베트남어

태국과 베트남의 우기는
5월부터 10월까지로
이 시기에는
스콜이라는 강한 소나기가
쏟아지곤 합니다.

하지만 온종일 퍼붓는 것이 아니라
내리고 그치기를 반복하기 때문에
갑작스러운 스콜을 만났을 때는
카페 같은 곳에서
잠시 쉬어가는 것도 좋겠지요.

구드 애프터누운.
Good afternoon.
좋은 오후.

콘니치와.
こんにちは。
안녕. / 안녕하세요 오후.

씨아 우 ｜ 하오.
xià wǔ ｜ hǎo.
下午 ｜ 好.
오후 ｜ 좋다.

사왓 디 (떤 바이) ｜ 크랍.
สวัสดี (ตอนบ่าย) ｜ ครับ.
안녕 (오후에) ｜ 요.

짜오 ｜ 부오이 쯔어.
Chào ｜ buổi trưa.
안녕하세요 ｜ 점심.

안녕하세요. (저녁)
Good evening.

영어

일본어

중국어

태국어

베트남어

태국 마사지는
세계 3대 마사지로 정평이 나 있습니다.

마사지에 거부감이 있는 분이라면
발 마사지만 받아보는 것도 좋습니다.
마사지를 받다 보면
하루의 피로가 싹 풀릴 것입니다.

구드 이이브닝.
Good evening.
좋은 저녁.

콘반와.
こんばんは。
안녕. / 안녕하세요 저녁 .

완 샹 하오.
wǎn shang hǎo.
晚上 好.
저녁 좋다.

사왓 디 (떤 앤) 크랍.
สวัสดี (ตอนเย็น) ครับ.
안녕 (저녁 때) 요.

짜오 부오이 또이.
Chào buổi tối.
안녕하세요 저녁.

잘 자.
Good night.

 영어

 일본어

 중국어

 태국어

 베트남어

베트남 사람들은
이른 시각부터 활동을 시작하기 때문에
일과의 마무리도 빠른 편입니다.

저녁 6시면 대부분 가게가 문을 닫고
8시가 지나면 열린 곳을 찾기 어렵습니다.
그러니 필요한 물품은
그때그때 구매해 두는 게 좋습니다.

구드 나이트.
Good night.
좋은 밤.

오야스미.
おやすみ。
잘 자.

완 안.
wǎn ān.
晚安.
잘 자.

판 ㅣ 디.
ฝัน ㅣ ดี.
꿈 ㅣ 좋다.

쭉 ㅣ 응우 ㅣ 응언.
Chúc ㅣ ngủ ㅣ ngon.
원하다 ㅣ 자다 ㅣ 잘.

저는 잘 지내요.
I am fine.

 영어

 일본어

 중국어

 태국어

 베트남어

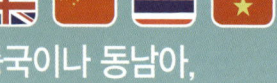

중국이나 동남아,
대부분의 유럽국가 등의 수돗물은
우리나라의 수돗물보다
석회질의 함유량이 많습니다.

석회질은 소위 말하는
'물갈이'의 원인이 되니,
생수를 사서 마시는 것이 좋습니다.

아이 앰 파인.
I am fine.
나 이다 좋은.

와타시 와 겐키 데스.
私 は 元気 です。
나 는 건강함 입니다.

워 헌 하오.
wǒ hěn hǎo.
我 很 好.
나 매우 좋다.

폼 싸 바이 디 크랍.
ผม สบาย ดี ครับ.
나 편안하다 좋다 요.

또이 온.
Tôi ổn.
나 좋다.

저는 미나입니다.
I am Mina.

 영어

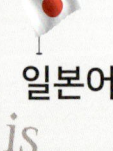 일본어

해외여행을 할 때
필수로 들르는 곳이 바로 면세점입니다.
우리나라에서는 출국 시 3,000달러까지
소비할 수 있다는 규정이 있지만
재입국 시 600불 이상부터는 과세가 되며
여행할 국가의 입국 면세 한도도
정해져 있으므로
구매 전 금액 확인은 필수입니다.

예를 들어 우리나라에서
3,000불의 물건을 면세로 샀는데,
해당 국가가 면세 한도가 1,000불이라면
초과분 2,000달러에 대한 세금을
내야 한다는 것입니다.

 중국어

 태국어

 베트남어

아이 앰 미나.
I am 미나.
나 이다 미나.

와타시 와 미나 데스.
私 は 미나 です。
나 는 미나 입니다.

워 쨔오 미나.
wǒ jiào 미나.
我 叫 미나.
나 부르다 미나.

폼 츠으 미나 크랍.
ผม ชื่อ 미나 ครับ.
나 이름 미나 요.

뗀 또이 라 미나.
Tên tôi là 미나.
이름 나 이다 미나.

성함이 어떻게 되세요?

What is your name?

 영어

 일본어

 중국어

 태국어

 베트남어

     ·············

상대방의 이름을 묻는 위 표현을
생각지도 못한 곳에서 듣게 되는 경우가
바로 카페에서 주문할 때입니다.

우리나라와는 다르게 많은 나라에서
음료를 주문할 때 이름을 물어보고,
음료가 나오면 이름을 불러 알려줍니다.
만일 발음이 어려워
직원이 잘 알아듣지 못한다면,
꼭 본명을 알려줄 필요는 없으니
임의로 영어 이름을 정해
알려줘도 괜찮습니다.

왓 이즈 유어 네임?
What is your name?
무엇 이다 너의 이름?

오나마에 와 난 데스카?
お名前 は 何 ですか?
성함 은 무엇 입니까?

칭 원 닌 꿔이 씽?
qǐng wèn nín guì xìng?
请 问 您 贵姓?
부탁하다 존칭 묻다 당신 성씨?

쿤 츠으 아 라이 크랍?
คุณ ชื่อ อะไร ครับ?
당신 이름 무엇 요?

뗀 꾸어 반 라 지?
Tên của bạn là gì?
이름 ~의 너 이다 무엇?

61

잘 가!
Bye!

영어

일본어

중국어

태국어

베트남어

꼭 팁을 줘야 하는 나라가 있다면,
반대로 팁을 주면 안 되는 나라가 있습니다.

일본은 우리나라와 마찬가지로
팁 문화가 없기 때문에
팁을 주더라도 사양하는 경우가
대부분이며,
심지어 불쾌감을 느끼는 경우도
있다고 합니다.

바이!
Bye!
잘 가요!

쟈아、네!
じゃあ、ね!
그럼!

만 저우! / 짜이 찌엔!
màn zǒu! / zài jiàn!
慢走! / 再见!
천천히 가다! / 또 보다!

을라 껀!
ลาก่อน!
먼저 실례합니다!

땀 비엣!
Tạm biệt!
잘 가요!

실례합니다.
Excuse me.

 영어

 일본어

 중국어

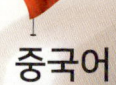 태국어

 베트남어

해외에서는
여권이 중요한 신분증이기 때문에
일정 중에도 필요할 수 있습니다.

하지만 원본을 계속 갖고 다니거나
직접 건네주는 것은
분실이나 절도의 위험이 있으니
여권번호가 보이는 페이지를 인쇄하여
사본을 이용하는 것이 좋습니다.

익쓰큐우즈 미이.
Excuse me.
양해하다 나.

시츠레에 시 마스.
失礼 し ます。
실례 함 (합니다).

다 라오 이 씨아.
dǎ rǎo yí xià.
打扰 一下.
방해하다 좀 ~하다.

커 토옷 크랍.
ขอโทษ ครับ.
미안하다 요.

씬 로이.
Xin lỗi.
미안하다.

65

고맙습니다.
Thank you.

국제 통화 시에 각국을 식별하기 위해
부여된 국가번호가 있습니다.
우리나라의 경우 82번이지요.

그래서 국외에서 국내로 전화할 때는
+82를 누른 다음,
휴대전화 · 일반전화 번호
맨 앞의 0을 빼고 전화를 걸면 됩니다.

예를 들어
휴대전화 번호가 010-1234-5678일 경우,
+82-10-1234-5678번으로
전화를 걸면 되는 것이지요.

이때 + 기호는
휴대폰 기종에 따라 차이는 있지만
대개 0을 길게 누르거나 두 번 눌러줍니다.

 영어

 일본어

 중국어

 태국어

 베트남어

땡크 유우.
Thank you.
감사하다 너.

아리가토오고자이마스.
ありがとうございます。
고맙습니다.

씨에 시에.
xiè xie.
谢谢.
고맙습니다.

컵 쿤 크랍.
ขอบคุณ ครับ.
감사하다 요.

깜 언 반.
Cảm ơn bạn.
감사하다 너.

미안해요.
I am sorry.

 영어

 일본어

 중국어

 태국어

 베트남어

사실 '뚸이 부 치 对不起'라는 표현은
중국에서 흔히 사용하는 말은 아닙니다.
이 표현은 보통 큰 실수를 저질렀을 때
자신의 잘못을 인정하고
그로 인한 문제까지 책임지겠다는 의미가
내포되어 있기 때문입니다.

일상생활에서 일어날 수 있는 실수나
상대의 양해를 구하고자 할 때는
'부 하오 이 스 不好意思'라는 말을
주로 사용합니다.

이 표현은 '부끄럽다, 쑥스럽다'는 뜻이지만
실질적으로는
우리가 사용하는 '미안합니다' 같이
사용됩니다.

아이 앰 싸아뤼.
I am sorry.
나 이다 미안한.

스미마센.
すみません。
미안합니다.

뚸이 부 치.
duì bu qǐ.
对不起.
미안하다.

폼 커 토옷 크랍.
ผม ขอโทษ ครับ.
나 미안하다 요.

또이 씬 로이.
Tôi xin lỗi.
나 미안하다.

천만에요.
You are welcome.

 영어

 일본어

 중국어

 태국어

 베트남어

중국식 샤부샤부라고도 할 수 있는
후어꾸어 火锅 는 중국의 국민 음식입니다.

지역마다 먹는 방식이나 재료가 다르므로
선뜻 시도하기 어렵다면
체인점을 이용하는 것도 한 방법입니다.
중국에서 가장 유명한 프랜차이즈로는
하이디라오 海底捞 가 있습니다.

유우 아 웰컴.
You are welcome.
너 이다 환영하다.

도오이타시마시테.
どういたしまして。
천만에요.

부 융 씨에.
bú yòng xiè.
不用 谢.
필요 없다 감사하다.

도아이 쾀 인디 크랍.
ด้วย ความยินดี ครับ.
함께 기쁨 요.

콤 꺼 지.
Không có gì.
아무것도 아니다.

괜찮아요.
No, thanks.

나라별 응급 신고번호

나라	번호
미국	: 911
대만	: 119
캄보디아	: 119
일본	: 119
중국	: 120
태국	: 191
베트남	: 115
필리핀	: 117
호주	: 000
싱가포르	: 995
말레이시아	: 99

영어

일본어

중국어

태국어

베트남어

노우, 땡쓰.
No, thanks.
아니, 고맙다.

켓코오 데스.
結構 です。
괜찮음 입니다.

메이 여우, 씨에 시에.
méi yǒu, xiè xie.
没有, 谢谢.
없다, 고맙다.

마이 뺀 라이 크랍.
ไม่เป็นไร ครับ.
괜찮다 요.

콤, 깜언.
Không, cám ơn.
아니다, 감사하다.

맞아요.
Yes.

영어

일본어

YES

중국어

태국어

베트남 쌀국수는
우리나라에서도 유명하죠.
쌀국수의 종류는 국물이 있는 것부터
춘권처럼 생긴 것까지 매우 다양합니다.

그중 한국인이 선호하는 것은
퍼 보 phở bò 입니다.
여기서 보 bò 는 소를 의미하는 단어로
퍼 보 phở bò 는 소고기 쌀국수라는 뜻입니다.

베트남어

예쓰.
Yes.
맞다.

하이.
はい。
네.

뛔이.
duì.
对.
맞다.

차이 크랍.
ใช่ ครับ.
그럼 요.

벙.
Vâng.
네.

알겠어요.
(그럴게요.)
Okay.

다른 나라와 달리 베트남은
공항이나 시내 은행, 그 어디에서 환전하든
환율에 큰 차이가 없습니다.

도난 위험을 생각해서라도
한 번에 너무 많은 금액을 환전하기보다,
필요한 금액만큼만 수시로 환전해서
지니고 있는 것이 좋겠죠.

오우케이.
Okay.
좋다.

이이 데스.
いい です。
좋다 입니다.

하오.
hǎo.
好.
좋다.

크랍.
ครับ.
네.

또이 히에우 조이.
Tôi hiểu rồi.
나 이해하다 이미.

아니에요.

No.

영어

일본어

중국어

태국어

베트남어

태국 사람들은 머리에 혼이 들어 있고,
누군가 머리를 만지면 혼이 떠나가
불행이 닥칠 거라 믿습니다.

이 때문에 아이가 귀엽다고
무심코 머리를 쓰다듬으면
큰 싸움으로 번질 수 있으니
반드시 주의해야 합니다.

노우.
No.
아니다.

이이에.
いいえ。
아닙니다.

부 쓰. / 부 뛔이.
bú shì. / bú duì.
不是. / 不对.
아니다. / 아니다.

마이 크랍.
ไม่ ครับ.
아니 요.

콤.
Không.
아니다.

안 돼. 안 돼.
No. No.

 영어

 일본어

 중국어

 태국어

 베트남어

일본에서는 공공장소에서
큰 소리로 떠들거나 전화통화를 하는 것은
남에게 피해를 주는 행동이라는
인식이 있습니다.

그래서 지하철이나 버스 안에서
전화 통화를 하는 사람은 드물고,
일행과의 대화도
매우 조용하게 이루어집니다.

노우. | 노우.
No. | No.
안 돼. | 안 돼.

다메. | 다메.
ダメ。| ダメ。
안 돼. | 안 돼.

뿌 싱. | 뿌 싱.
bù xíng. | bù xíng.
不行. | 不行.
안 된다. | 안 된다.

마이. | 마이.
ไม่. | ไม่.
아니. | 아니.

콤 드억. | 콤 드억.
Không được. | Không được.
안 돼. | 안 돼.

81

난 이것을
원하지 않아.
I don't want it.

 영어

 일본어

 중국어

 태국어

 베트남어

베트남은 동남아 국가 중에서도
치안이 좋은 나라입니다.
공권력의 힘이 강하기 때문에
강력 범죄가 발생하는 일이 드물지요.

밤늦은 시간까지 혼자 돌아다닌다거나
후미진 곳을 간다거나 하는 행동만
피하신다면
안전한 여행을 즐길 수 있습니다.

아이 도온트 원트 이트.
I don't want it.
나 부정 원하다 그것.

소레 와 호시쿠 나이.
それ は 欲しく ない。
그것 은 원하지 않다.

워 뿌 시앙 야오.
wǒ bù xiǎng yào.
我 不 想 要.
나 부정 원하다 가지다.

마이 떵 깐.
ไม่ ต้องการ.
부정 필요하다.

또이 콤 무온 너.
Tôi không muốn nó.
나 아니다 원하다 그(것).

83

	음식 🍜	식사 🍽
🇬🇧 영어	푸우드 food	미일 meal
🇯🇵 일본어	타 베 모 노 食べ物	쇼쿠 지 食事
🇨🇳 중국어	스 우 食物	판 饭
🇹🇭 태국어	아한 อาหาร	므 มื้อ
🇻🇳 베트남어	몬 안 món ăn	브어 안 bữa ăn

빵

브뤠드
bread

판
パン

미엔 빠오
面包

카놈 빵
ขนมปัง

반 미
bánh mì

쌀

롸이스
rice

코메
米

미
米

카우
ข้าว

껌
cơm

난 이거 싫어요.
I don't like it.

영어

일본어

중국어

태국어

베트남어

대부분의 국가에서는
담배 면세범위가 1인당 200개비(1보루)며
이것은 태국 역시 마찬가지입니다.

그러나 태국은 금연 정책을
강력하게 시행하는 국가이기 때문에,
면세 범위를 초과하였을 경우
부과되는 벌금이 매우 높고
전자담배는 아예 반입 자체가
금지되어 있습니다.

아이 도온트 을라익 이트.
I don't like it.
나 [부정] 좋아하다 그것.

소레 와 이야 데스.
それ は 嫌 です。
그것 은 싫다 입니다.

워 뿌 시 환.
wǒ bù xǐ huān.
我 不 喜欢.
나 [부정] 좋아하다.

마이 처업 크랍.
ไม่ ชอบ ครับ.
[부정] 좋다 요.

또이 콤 틱 너.
Tôi không thích nó.
나 아니다 좋아하다 그(것).

치즈 🧀	견과류 🥜
치즈 cheese	넛 nut
치즈 チーズ	낫츠 ナッツ
나이 을라오 奶酪	찌엔 구어 坚果
칫 ชีส	토아 ถั่ว
포 마이 phô mai	핫 hạt

	야채	감자
 영어	베쥐터블 vegetable	포테이토우 potato
 일본어	야 사이 野菜	쟈가이모 ジャガイモ
 중국어	슈 차이 蔬菜	투 떠우 土豆
 태국어	팍 ผัก	만 파랑 มันฝรั่ง
 베트남어	라우 rau	콰이 떠이 khoai tây

고구마 🥔	당근 🥕
스위잇 포테이토우 sweet potato	캐뤄엇 carrot
사츠마이모 サツマイモ	닌 진 人参
띠 꽈 地瓜	후 을루어 보어 胡萝卜
만 파랑 와안 มันฝรั่งหวาน	케럿 แครอท
콰이 랑 khoai lang	까 롯 cà rốt

	토마토	양파
영어	터메이토우 tomato	어니언 onion
일본어	토마토 トマト	타마 네기 玉葱
중국어	씨 훙 쓰 西红柿	양 충 洋葱
태국어	마 크아 탯 มะเขือเทศ	후아 험 หัวหอม
베트남어	까 쭈어 cà chua	꾸 하잉 củ hành

마늘	버섯
가알릭 garlic	머쒸루움 mushroom
닌니쿠 ニンニク	키노코 キノコ
쑤안 蒜	모어 구 蘑菇
끄라 티암 กระเทียม	햇 เห็ด
또이 tỏi	넘 nấm

부탁합니다.
Please.

 영어

 일본어

 중국어

 태국어

 베트남어

장거리 비행 시,
환승을 해야 할 경우가 있습니다.

이때 중간 공항에 내렸다고 해서
면세품의 포장을 뜯어서는 안 됩니다.
액체류는 기내에 반입 금지이기 때문에,
개봉된 물건이 면세품이라 해도
압수처리 되기 때문입니다.

플리이즈.
Please.
부탁합니다.

오네가이 시 마스.
お願い し ます。
부탁 함 (합니다).

빠이 투어.
bài tuō.
拜托.
부탁하다.

커 렁 크랍.
ขอร้อง ครับ.
제발 요.

람 언.
Làm ơn.
제발.

	누구?	언제?
영어	후우? **Who?**	웬 **When?**
일본어	다레? **誰?**	이츠? **いつ?**
중국어	쉐이? **谁?**	션 머 스 허우? **什么时候?**
태국어	크라이? **ใคร?**	므아 라이? **เมื่อไหร่?**
베트남어	아이? **Ai?**	키 나오? **Khi nào?**

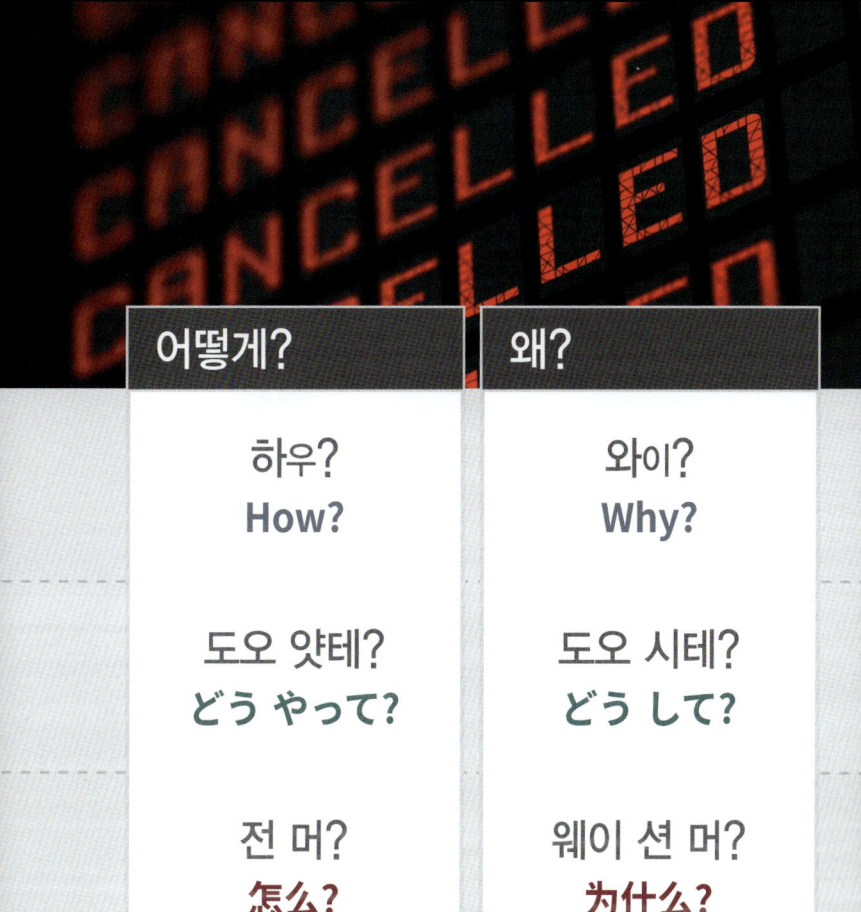

어떻게?	왜?
하우? How?	와이? Why?
도오 얏테? どう やって?	도오 시테? どう して?
전 머? 怎么?	웨이 션 머? 为什么?
양 응아이? อย่างไร?	탐 마이? ทำไม?
뉴으 테 나오? Như thế nào?	따이 싸오? Tại sao?

얼마예요?
How much (money)?

 영어

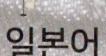 일본어

 중국어

 태국어

 베트남어

물건의 가격이 궁금할 때는

┌ How much is it?
  하우 머취 이즈 이트
: 이거 얼마에요?

라고 하거나,

물건을 손으로 가리키며

┌ How much?
  하우 머취
: 얼마에요?

라고만 해도 됩니다.

벼룩시장, 시장과 같은 정가제가 없는 곳에선
어느 정도 흥정이 가능하니
만약 바가지 쓰는 느낌이 든다면
깎아 달라고 말해보는 것이 좋습니다.

하우 머춰 (머니)?
How much (money)?
얼마나 많이 (돈)?

이쿠라 데스카?
いくら ですか?
얼마 입니까?

뚜어 치엔?
duō qián?
多 钱?
얼마나 돈?

타우 라이 크랍?
เท่าไหร่ ครับ?
얼마 요?

바오 니에우 (띠엔)?
Bao nhiêu (tiền)?
얼마나 (돈)?

그게 언제인데?

When (is it)?

 영어

 일본어

체크인할 때
체크아웃 시간과
조식이 제공되는 시간을
미리 물어보는 것이 좋습니다.

「 When is + ~(원하는 행사)?
　웬　　이즈
: ~는 몇 시에 하나요? 」
라는 표현을 활용하면 되겠지요.

이 표현은
박물관의 운영 시간이나 공연 시작 시각,
상점의 영업시간 등을 물어볼 때
유용하게 사용할 수 있습니다.

 중국어

 태국어

 베트남어

웬 (이즈 이트)?
When (is it)?
언제 (이다 그것)?

이츠 데스카?
いつ ですか?
언제 입니까?

칭 원 나 쓰 션 머 스 허우?
qǐng wèn nà shì shén me shí hòu?
请 问 那 是 什么时候?
부탁하다 존칭 묻다 그것 이다 언제?

므아 라이?
เมื่อไหร่?
언제?

키 나오?
Khi nào?
언제?

그게
어디에 있나요?
Where (is it)?

영어

일본어

중국어

태국어

베트남어

여행지에서
가고 싶은 관광지들을 골랐다면
관광객센터(비지터스 쎈터, visitors' center) 혹은
관광안내소(투어리스트 인포메이션 쎈터,
tourist information center)에
가보는 것도 좋습니다.

관광 지도와 여행지에 관한 다양한 정보를
얻을 수 있기 때문이지요.

웨어 (이즈 이트)?
Where (is it)?
어디에 (이다 그것)?

소레 와 도코 니 아리 마스카?
それ は どこ に あり ますか?
그것 은 어디 에 있음 (합니까)?

칭 원 나 거 짜이 나 을리?
qǐng wèn nà ge zài nǎ lǐ?
请 问 那个 在 哪里?
부탁하다 존칭 묻다 그것 ~에 있다 어디?

만 유 티 나이 크랍?
มัน อยู่ ที่ไหน ครับ?
그것 있다 어디 요?

너 더우 조이?
Nó đâu rồi?
그것 어디 이미?

매우 좋아.
Very good.

영어

일본어

중국어

태국어

베트남어

태국도 중국 못지않게
흥정이 필요한 나라입니다.
특히 외국인이 많이 찾는 가게에서
흥정은 필수입니다.

하지만 이것도
상대의 기분을 상하지 않는 선에서
적당히 하는 것이 중요합니다.

특히 예술가가
자신이 만든 공예품을 파는 경우,
과도한 흥정은 보기 좋지 않을 뿐만 아니라
성공 확률도 낮습니다.

베뤼 구드.
Very good.
매우 좋은.

토테모 이이.
とても いい。
매우 좋다.

쩐 빵.
zhēn bàng.
真 棒.
정말 대단하다.

디 마악.
ดี มาก.
좋다 너무.

젓 똣.
Rất tốt.
매우 좋다.

	아름다운	신나는
 영어	뷰우티플 beautiful	익싸이팅 exciting
 일본어	우츠쿠 시이 美しい	오모시로이 面白い
 중국어	메이 을리 美丽的	츠 찌 더 刺激的
 태국어	수와이 응암 สวยงาม	나아 뜨은 떼엔 น่าตื่นเต้น
 베트남어	뎁 đẹp	투 비 thú vị

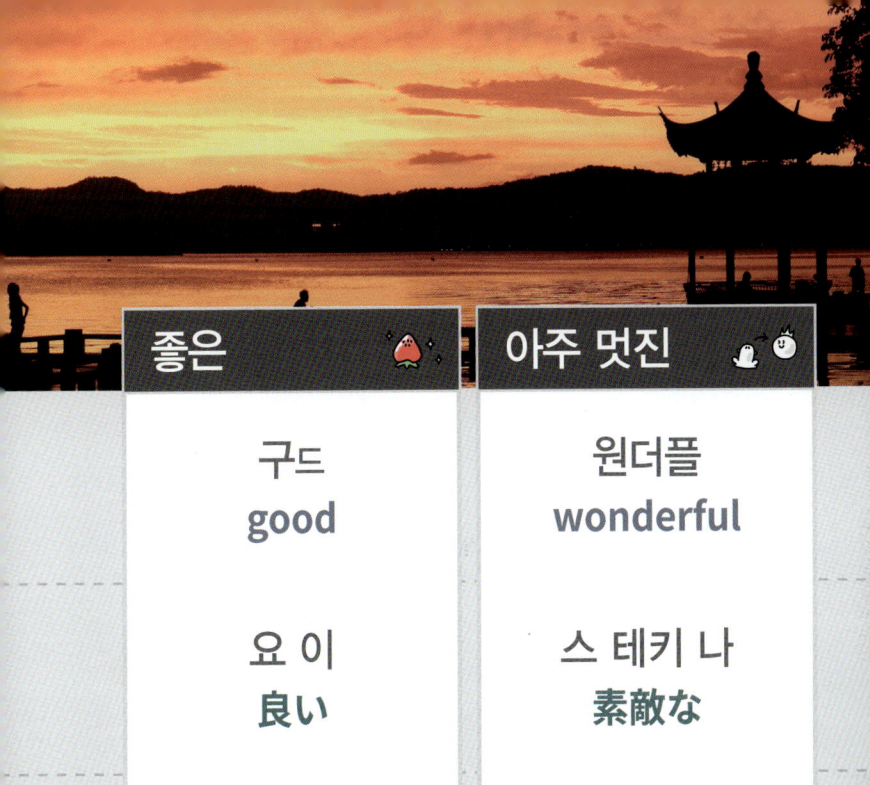

너무 안 좋아.
Too bad.

영어

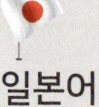
일본어

중국어

태국어

베트남어

우리나라 뿐만 아니라
국가 대부분에서는
과일이나 육포 같은 농축산물의 반입이
금지되어 있습니다.
그러니 공항에 농축산물은
가져가지 않는 것이 좋습니다.

투우 배드.
Too bad.
너무 나쁜.

와루스기.
悪すぎ。
너무 나쁨.

짜오 까오.
zāo gāo.
糟糕.
엉망이다.

예 마악.
แย่ มาก.
안 좋다 많이.

꽈 떼.
Quá tệ.
너무 나쁘다.

위험한 ☠	지루한
데인져뤄쓰 **dangerous**	보어륑 **boring**
아부 나이 危ない	타이 쿠츠 나 退屈な
웨이 시엔 더 危险的	우 을랴오 더 无聊的
안 타라이 อันตราย	나아 브아 น่าเบื่อ
응우이 nguy hiểm	냠 짠 nhàm chán

영어 / 일본어 / 중국어 / 태국어 / 베트남어

고통스러운	불편한
페인플 painful	언캄퍼터블 uncomfortable
쿠루 시이 苦しい	후 벤 나 不便な
통 쿠 더 痛苦的	뿌 슈 푸 더 不舒服的
쩨엡 เจ็บ	마이 사바이 ไม่สบาย
다우 던 đau đớn	커 찌우 khó chịu

더 주세요.
More, please.

여행지에서
맛있는 음식을 먹는 것도 즐겁지만,
직접 만들어 본다면
색다른 경험이 되겠지요.

외국인을 대상으로 하는 요리 수업은
그 나라의 언어를 몰라도 괜찮습니다.
노련한 강사가
알아서 다 끌어주기 때문이지요.

 영어

 일본어

 중국어

 태국어

 베트남어

모어, 플리이즈.
More, please.
더, 부탁합니다.

못토 쿠다사이.
もっと ください。
더 주세요.

짜이 뚜어 이 디엔.
zài duō yì diǎn.
再 多 一点.
다시 많다 조금.

커어 퍼음 프음 익 크랍.
ขอ เพิ่ม อีก ครับ.
부탁 증가하다 더 요.

씬 부이 롱 쩌 또이 템.
Xin vui lòng cho tôi thêm.
~해주세요 주다 나 더.

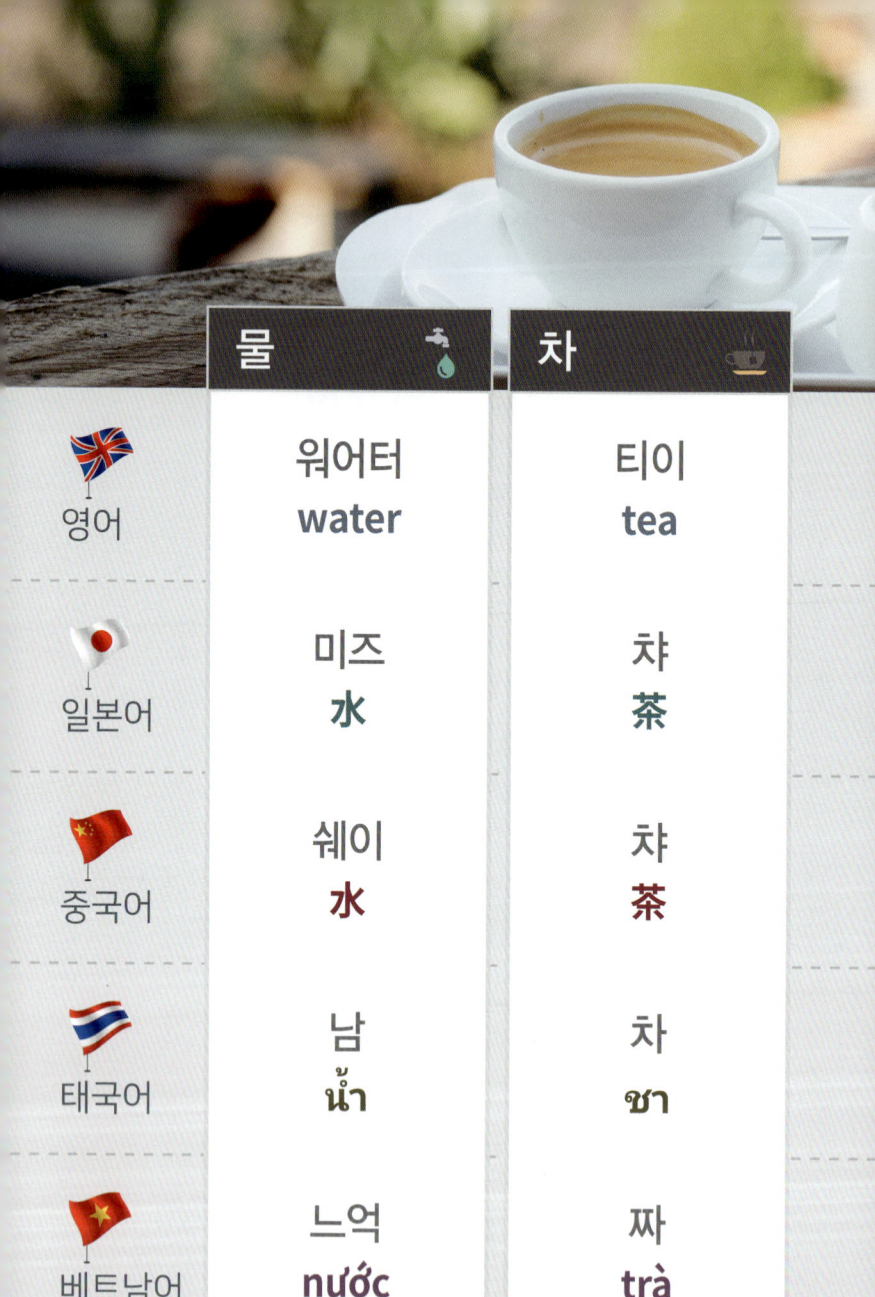

	물	차
영어	워어터 water	티이 tea
일본어	미즈 水	챠 茶
중국어	쉐이 水	챠 茶
태국어	남 น้ำ	차 ชา
베트남어	느억 nước	짜 trà

커피	주스
커어퓌이 **coffee**	쥬우쓰 **juice**
코오히이 **コーヒー**	쥬우스 **ジュース**
카 페이 **咖啡**	구어 쯔 **果汁**
까페 **บาร์**	남 폴로 마이 **น้ำผลไม้**
까 페 **cà phê**	느억 앱 **nước ép**

	우유	콜라
영어	미일크 milk	코울러 cola
일본어	규우 뉴우 牛乳	코오라 コーラ
중국어	니우 나이 牛奶	커 을러 可乐
태국어	놈 นม	코옥 โคก
베트남어	쓰어 sữa	꼬까 coca

펜

펜
pen

펜
ペン

比
笔

빠악 까
ปากกา

꺼이 붓
cây bút

담요

블랭킷
blanket

부란켓토
ブランケット

마오 탄
毛毯

파 홈
ผ้าห่ม

짠
Chăn

여기.
Here.

귀중품을 도난당했을 때는
가까운 경찰서에 가서
보고서(폴리스 뤼포트, police report)를
작성하고
복사본을 받아놓는 것이 좋습니다.

한국에 돌아와서
서류를 보험사에 제출하면
보상을 받을 수 있습니다.
단, 출국 전에 여행자 보험에
가입했다는 조건으로 말이죠.

물론 신고서 작성 시,
분실(을로스트, lost)이 아닌
도난(스톨른, stolen)으로 작성해야
보상을 받을 수 있다는 것! 잊지 마세요.

 영어

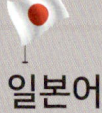 일본어

 중국어

 태국어

 베트남어

히어.
Here.
여기.

코코.
ここ。
여기.

쪄 을리.
zhè lǐ.
这里.
여기.

티 니이.
ที่นี่.
여기.

더이.
Đây.
여기.

다시.
Again.

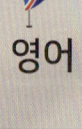
영어

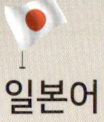
일본어

중국어

태국어

베트남어

  ···

향이 강한 향신료에는
고수풀만 있는 것이 아닙니다.

레몬그라스는 이름처럼 레몬 향과 함께
새콤한 맛이 나는 향신료입니다.
레몬그라스는
태국어로 타아크라이홈 ตะไคร้หอม,
베트남어로는 싸 sả 라고 하니,
향에 민감하신 분은
미리 빼달라고 하는 것이 좋습니다.

어게인.
Again.
다시.

후타타비. / 마타.
再び。/ また。
다시.

짜이.
zài.
再.
다시.

익 크랑.
อีก ครั้ง.
더 번.

런 느어.
Lần nữa.
다시.

지금.
Now.

 영어

 일본어

 중국어

 태국어

커피가 유명한 베트남에는
'위즐커피'라는 것도 있습니다.

사향고양이가 아닌
사향족제비에게서 얻는 위즐커피는
베트남 현지에서도
유명한 고급 커피입니다.
커피를 좋아하는 사람이라면
꼭 한번 즐겨보는 것이 좋습니다.

베트남어

나우.
Now.
지금.

이마.
今。
지금.

씨엔 짜이.
xiàn zài.
现在.
현재.

떤 니.
ตอนนี้.
지금.

버이 져.
Bây giờ.
지금.

가자!
Let's go!

영어

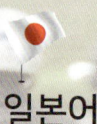
일본어

중국어

태국어

베트남어

오토바이의 천국이라 불리는 베트남에서는
교통사고에 유의해야 합니다.

차도에
신호등이나 차선이 없는 경우도 있으니
항상 주변을 살피고
조심해서 건너야 합니다.

을렛츠 고우!
Let's go!
하자 가다!

이코오!
行こう!
가자!

저우 바!
zǒu ba!
走 吧!
가다 권유!

빠이 깐 터 트!
ไป กัน เถอะ!
가다 같이 권유!

디 나오!
Đi nào!
가다 지금!

아무것도 아니에요.

Nothing.

 영어

 일본어

 중국어

 태국어

 베트남어

일본은 지상철과 지하철,
그리고 기차(키샤, 汽車)가
굉장히 발달한 나라입니다.

특히 일본 철도(JR)을 이용하면,
일본의 구석구석을 다 누빌 수 있습니다.
또한, 기차에서 맛볼 수 있는,
지역의 특산품을 이용한
역도시락(에끼벤, 駅弁)은
기차여행의 꽃이라고 할 수 있습니다.

나띵.
Nothing.
0개.

난 | 데모 | 아리 | 마센.
何 | でも | あり | ません。
무엇 | 라도 | 있음 | (하지 않습니다).

메이 여우 | 션 머.
méi yǒu | shén me.
没有 | 什么.
없다 | 무엇.

마이 | 미 | 아 라이 | 크랍.
ไม่ | มี | อะไร | ครับ.
부정 | 있다 | 무엇 | 요.

콤 꺼 지.
Không có gì.
아무것도 없음.

이건 내 거예요.
It's mine.

 영어

 일본어

 중국어

 태국어

베트남은 우리나라보다 화폐 단위가 커서
돈을 계산하기 어려울 수 있습니다.

베트남 동화를 우리나라 원화로
환산하고 싶다면,
베트남 동화에서 20을 나누면 됩니다.
즉, 50만 동이
한화로는 약 25,000원꼴인 거죠.

베트남어

잇츠 마인.
It's mine.
이것은 ~이다 내 것.

와타시 노 모노 데스.
私 の もの です。
나 ~의 것 입니다.

쪄 쓰 워 더.
zhè shì wǒ de.
这 是 我 的.
이것 이다 나 의 것.

만 뺀 커엉 폼 크랍.
มัน เป็น ของ ผม ครับ.
그것 이다 ~의 나 요.

너 라 꾸어 또이.
Nó là của tôi.
그것 이다 ~의 나.

나는 몰라요.
I don't know.

 영어

 일본어

 중국어

 태국어

 베트남어

여행지에 대해
사전조사가 되어 있지 않다면,
호객꾼을 따라가거나
뚝뚝(오토바이형 택시) 기사에게
정보를 물어볼 수도 있습니다.

그러나, 두 경우 모두
바가지 쓸 확률이 높고,
안전 문제도 발생할 수 있습니다.

여행지에 관한 정보나 도움이 필요하다면
머무는 숙소에 문의하는 것이
가장 안전한 방법입니다.

아이 도온트 노우.
I don't know.
나 부정 알다.

와타시 와 시리 마센.
私 は 知り ません。
나 는 알음 (하지 않습니다).

워 뿌 쯔 따오.
wǒ bù zhī dào.
我 不 知道.
나 부정 알다.

마이 루우 크랍.
ไม่ รู้ ครับ.
부정 알다 요.

또이 콤 비엣.
Tôi không biết.
나 아니다 알다.

한국에서 왔어요.
I am from Korea.

동남아 지역은 날씨가 더우므로
야시장이 활성화되어 있습니다.

야시장에서는
기념품과 다양한 먹거리를 팔고 있어서
구경하는 재미가 쏠쏠합니다.
다만 기온이 높은 나라기 때문에
길거리 음식은 위생에 유의하셔야 합니다.

 영어

 일본어

 중국어

 태국어

 베트남어

아이 앰 프롬 커뤼이아.
I am from Korea.
나 이다 ~에서 온 한국.

칸코쿠 카라 키마시타.
韓国 から 来ました。
한국 에서 왔습니다.

워 을라이 쯔 한 구어.
wǒ lái zì hán guó.
我 来自 韩国.
나 ~에서 오다 한국.

폼 마 짝 가우 을리이 크랍.
ผม มา จาก เกาหลี ครับ.
나 오다 에서 한국 요.

또이 덴 뜨 한 꾸옥.
Tôi đến từ Hàn Quốc.
나 오다 ~부터 한국.

영어를 못해요.
I don't speak English.

항공권에 이상이 생겼다거나 위급상황 시
영사관 콜센터 서비스를 알아두면
큰 도움이 될 수 있습니다.

이 서비스는 제삼자 통화 방식으로
통역상담사가 여행객과 통화한 후
현지 관계자에게 통역하는 방식으로
이루어집니다.

지원 언어로는 영어, 중국어, 일본어,
프랑스어, 러시아어, 스페인어가 있으며
번호는 +82-2-3210-0404입니다.

영어

일본어

중국어

태국어

베트남어

아이 도온트 스삐이익 잉글리쉬.
I don't speak English.
나 부정 말하다 영어.

에에고 가 와카리 마센.
英語 が 分かり ません。
영어 가 알음 (하지 않습니다).

워 부 후이 쓔어 잉 위.
wǒ bú huì shuō yīng yǔ.
我 不 会 说 英语.
나 부정 할 수 있다 말하다 영어.

폼 푸웃 파사 앙끄릿 마이 뺀 크랍.
ผม พูด ภาษา อังกฤษ ไม่ เป็น ครับ.
나 말하다 언어 미국 부정 할 수 있다 요.

또이 콤 비엣 띠엥 안.
Tôi không biết tiếng Anh.
나 아니다 알다 영어.

뜨거운 거요
아니면 차가운 거요?

Hot or iced?

영어

일본어

중국어

태국어

베트남어

중국 사람들은
차가운 물이 몸에 좋지 않다고 생각합니다.
이 때문에 식당에서도
보통 뜨거운 차나 물이 제공됩니다.

찬물을 달라고 말하면
가져다주기도 하지만
그러지 않는 곳도 있으니,
따로 얼음물을 챙겨 다니는 것도
좋은 방법입니다.

핫 오어 아이쓰드?
Hot or iced?
뜨거운 아니면 얼음을 넣은?

홋토 니 나사이 마스카, 아이스 니 나사이 마스카?
ホット に なさい ますか、アイス に なさい ますか?
핫 으로 하심 (합니까), 아이스 로 하심 (합니까)?

야오 삥 더 하이 쓰 러 더?
yào bīng de hái shì rè de?
要 冰 的 还是 热 的?
원하다 차갑다 ~한 것 아니면 뜨겁다 ~한 것?

런 르으 옌 크랍?
ร้อน หรือ เย็น ครับ?
덥다 아니면 차갑다 요?

넘 호악 다?
Nóng hoặc đá?
뜨거운 또는 얼음?

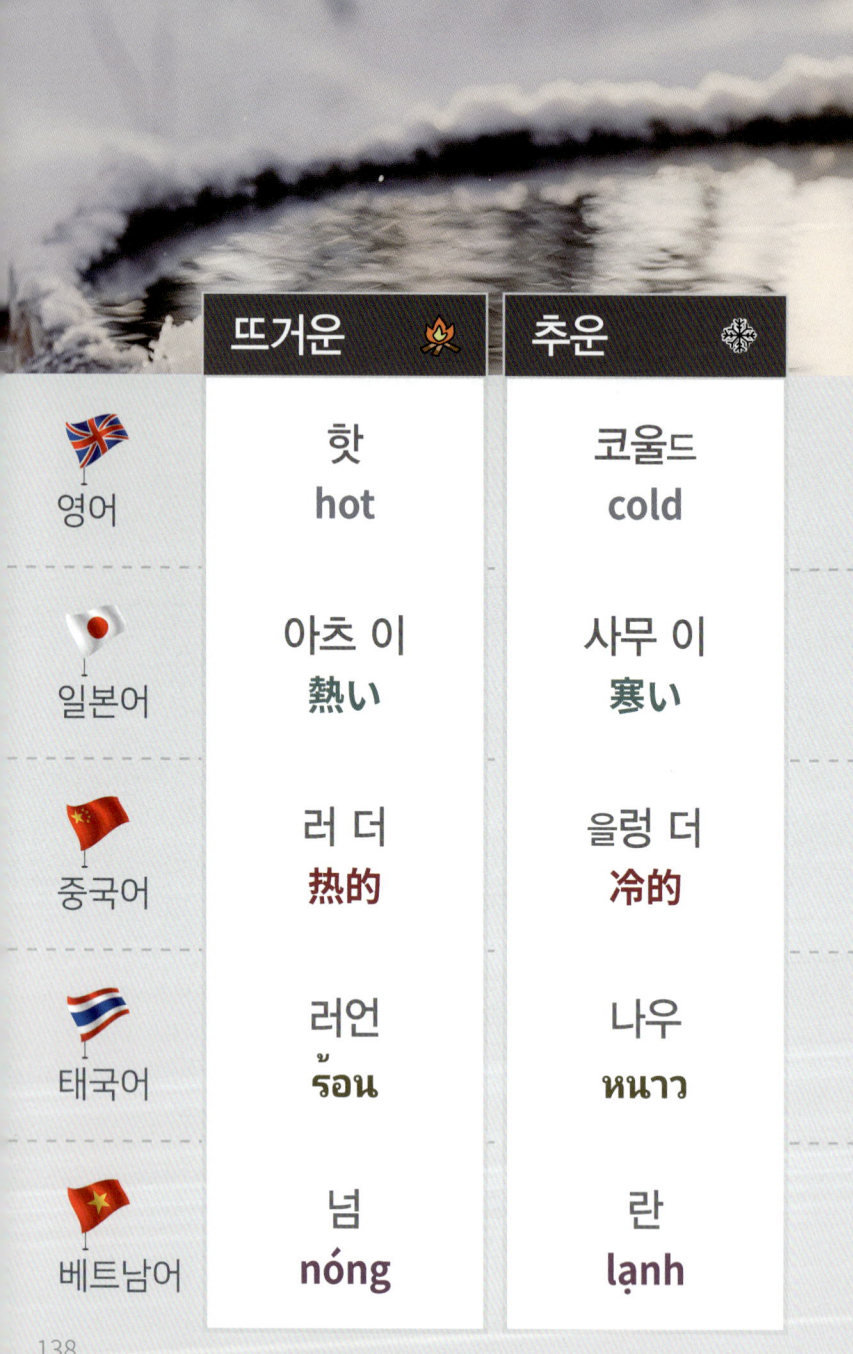

더러운	시끄러운
더어티 dirty	노이지 noisy
키타나 이 汚い	우루사이 うるさい
짱 더 脏的	챠오 吵
쏙까 쁘록 สกปรก	씨양당 เสียงดัง
번 bẩn	온 아오 ồn ào

복용하는 약이 있어요?

Are you taking any medicine?

 영어

 일본어

 중국어

 태국어

 베트남어

     ············

평소에 복용하는 약이 있다면
영문 처방전을 함께 가져가는 것이 좋습니다.

대부분의 경우 문제가 되지 않지만,
간혹 국가에 따라
금지 성분이 될 수도 있기 때문입니다.

또한, 현지에서 구하기 번거로운
비상약도 있기 때문에
미리 준비해 가는 것이 좋습니다.

아 유우 테이킹 애니 메디쓰인?
Are you taking any medicine?
이다 너 취하는 무슨 약?

후쿠요오 시테 이루 쿠스리 가 아리 마스카?
服用 して いる 薬 が あり ますか?
복용 해 있다 약 이 있음 (합니까)?

여우 쩡 짜이 푸 융 더 야오 마?
yǒu zhèng zài fú yòng de yào ma?
有 正在 服用 的 药 吗?
있다 지금 복용하다 ~의 약 의문?

떤 니 끈 야 아 라이 유 크랍?
ตอนนี้ กิน ยา อะไร อยู่ ครับ?
지금 먹다 약 무엇 있다 요?

반 꺼 당 줭 쯔억 콤?
Bạn có đang dùng thuốc không?
너 긍정 ~하고 있다 사용하다 약 아니다?

가방을 열어주세요.
Please open your bag.

영어

일본어

중국어

태국어

기내에는
액체류나 날카로운 물건의 반입이
금지되어 있습니다.

이를 깜빡하고
캐리어에 금지 물건을 넣어두었다면
검색대에서 이 표현을 듣게 됩니다.
이럴 땐,
당황하지 말고 가방을 열어주면 됩니다.

다만 압수처리 된 물건은
다시 돌려받을 수 없습니다.

베트남어

플리이즈 오우픈 유어 배그.
Please open your bag.
부탁하다 열다 너의 가방.

카반 오 아케테 쿠다사이.
カバン を 開けて ください。
가방 을 열어 주세요.

칭 바 싱 을리 다 카이.
qǐng bǎ xíng li dǎ kāi.
请 把 行李 打开.
부탁하다 존칭 ~을 짐 열다.

까루나 뻐엇 쁘웃 끄라 빠우 크랍.
กรุณา เปิด กระเป๋า ครับ.
제발 열다 가방 요.

씬 하이 머 뚜이 꾸어 반.
Xin hãy mở túi của bạn.
요구하다 열다 가방 ~의 너.

환전.
Money exchange.

 영어

 일본어

 중국어

 태국어

 베트남어

보통은 한국에서 미리 환전을 해오지만,
급하게 환전을 해야 할 경우가
생길 수도 있습니다.

그럴 때는 현지에 있는
환전소(익쓰췌인쥐 부스, exchange booth)에 가서
환전을 요청하면 됩니다.

머니 익쓰췌인쥐.
Money exchange.
돈 교환.

료오가에 시테 쿠다사이.
両替 して ください。
환전 해 주세요.

칭 게이 워 환 치엔.
qǐng gěi wǒ huàn qián.
请 给 我 换 钱.
부탁하다 존칭 주다 나 바꾸다 돈.

을랙 응언.
แลก เงิน.
교환하다 돈.

도이 띠엔.
Đổi tiền.
바꾸다 돈.

아파요.
I am sick.

 영어

 일본어

 중국어

 태국어

 베트남어

외국에서 병원 방문 시
의료비가 많이 발생할 수 있습니다.
그러니 혹시 모를 사고에 대비해
여행자 보험에 가입해 두는 것이 좋겠죠.

그뿐만 아니라
고가 물품 분실에 대비한 보험도 있으니,
필요한 분들은
미리 가입해 두는 것이 좋겠습니다.

아이 앰 쓰이크.
I am sick.
나 이다 아픈.

구아이 가 와루이 데스.
具合 が 悪い です。
몸 상태 가 나쁘다 입니다.

워 뻥 을러.
wǒ bìng le.
我 病 了.
나 아프다 변화.

폼 뽀아이 크랍.
ผม ป่วย ครับ.
나 아프다 요.

또이 비 옴.
Tôi bị ốm.
나 수동 아픈.

멀미약 주세요.
Medicine for motion sickness, please.

영어

일본어

중국어

태국어

베트남어

기내에서 원하는 서비스가 있다면
원하는 서비스를 먼저 말하고,
그 뒤에 '플리즈 please'를 붙이면 됩니다.

만일에 대비해 필요할 법한 물건은
영어 단어로 숙지하는 것이 좋겠죠.

메디쓰인 포어 모우션 쓰익니쓰, 플리이즈.
Medicine for motion sickness, please.
약 ~를 위한 멀미, 부탁합니다.

요이도메 쿠다사이.
酔い止め ください。
멀미약 주세요.

여우 윈 쳐 야오 마?
yǒu yùn chē yào ma?
有 晕车 药 吗?
있다 차멀미하다 약 의문?

커어 야 깨에 마우 너어이 크랍.
ขอ ยา แก้ เมา หน่อย ครับ.
원하다 약 고치다 취하다 조금 요.

쩌 또이 투옥 싸이 쎄.
Cho tôi thuốc say xe.
주다 나 약 멀미.

닭고기인가요
소고기인가요?
Chicken or Beef?

 영어

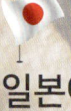 일본어

 중국어

 태국어

 베트남어

비행기 여행의 꽃은
바로 기내식이 아닐까요.

기내식은 보통 선택지가 두 가지인데,
간단하게 '치킨? 소고기?'
이렇게 물어보는 경우가 대부분입니다.

이때는 원하는 것을 선택해서 말한 후,
'플리즈 please '를 붙여주면 됩니다.

치킨 오어 비이프?
Chicken or Beef?
닭고기 또는 소고기?

치킨 데스카、규우니쿠 데스카?
チキン ですか、牛肉 ですか?
치킨 입니까, 소고기 입니까?

찌 러우 하이 쓰 니우 러우?
jī ròu hái shì niú ròu?
鸡肉 还是 牛肉?
닭고기 또는 소고기?

까이 르으 느아 우아 크랍?
ไก่ หรือ เนื้อ วัว ครับ?
닭 아니면 고기 소 요?

가 하이 팃 버?
Gà hay thịt bò?
치킨 혹은 소고기?

	고기	돼지고기
영어	미잇 meat	포억 pork
일본어	니쿠 肉	부타 니쿠 豚肉
중국어	러우 肉	쮸 러우 猪肉
태국어	느아 เนื้อ	느아 무 เนื้อหมู
베트남어	팃 thịt	팃 헤오 thịt heo

닭고기	소고기
치킨 chicken	비이프 beef
토리 니쿠 鳥肉	규우 니쿠 牛肉
찌 러우 鸡肉	니우 러우 牛肉
까이 ไก่	느아 우와 เนื้อวัว
가 gà	팃 버 thịt bò

	오리고기	양고기
 영어	더억 duck	을램 lamb
 일본어	카모 니쿠 鴨肉	요오 니쿠 羊肉
 중국어	야 러우 鸭肉	양 러우 羊肉
 태국어	뻳 เป็ด	느아 깨 เนื้อแกะ
 베트남어	껀 빗 con vịt	팃 끄우 thịt cừu

생선

피쉬
fish

사카나
魚

위
鱼

쁘라
ปลา

까
cá

후추

페뻐
pepper

코 쇼오
胡椒

후 쨔오
胡椒

프릭 타이
พริกไทย

띠우
tiêu

소고기로 주세요.
Beef, please.

 영어

 일본어

 중국어

 태국어

 베트남어

동남아지역은 더우므로
실내 냉방이 강한 편입니다.
특히 비가 오면 다소 쌀쌀할 수 있으니
얇은 카디건 하나 정도는
챙겨가는 것이 좋겠죠.

비이프, 플리이즈.
Beef, please.
소고기, 부탁합니다.

규우니쿠 쿠다사이.
牛肉 ください。
소고기 주세요.

칭 게이 워 니우 러우.
qǐng gěi wǒ niú ròu.
请 给 我 牛肉.
부탁하다 존칭 주다 나 소고기.

커어 느아 우아 크랍.
ขอ เนื้อ วัว ครับ.
원하다 고기 소 요.

쩌 또이 팃 버.
Cho tôi thịt bò.
주다 나 소고기.

볶음	튀김
스터어-프라이드 **stir-fried**	프라이드 **fried**
이타메 **炒め**	아 게 **揚げ**
챠오 **炒**	쟈 **炸**
팟 **ผัด**	텃 **ทอด**
싸오 **xào**	찌엔 **chiên**

영어 · 일본어 · 중국어 · 태국어 · 베트남어

구이	조림
로스티이드 roasted	보일드 boiled
야 키 焼き	니 츠 케 煮付け
카오 烤	아오 熬
야응 ย่าง	똠 ต้ม
느엉 nướng	코 kho

미터기 켜주세요.

Meter, please.

 영어

   ·······················

낯선 곳에서 택시는
가장 편안하고 정확한 교통수단입니다.

중국이나 동남아 국가의 택시는
한국 택시보다 요금이 저렴한 편이라
부담 없이 탈 수 있지만,
주의해야 할 점이 있습니다.

미터기를 불법으로 개조한 경우나
관광객을 대상으로
바가지요금을 씌우는 경우가
종종 있기 때문입니다.

될 수 있는 한 미터기를 켜는 것이 좋지만,
부득이한 경우에는
승차 전에 미리 목적지와 가격을 합의하고
타야 합니다.

 일본어

 중국어

 태국어

 베트남어

미터, 플리이즈.
Meter, please.
미터기, 부탁합니다.

메에타아 오 츠캇테 쿠다사이.
メーター を 使って ください。
미터기 를 사용해 주세요.

칭 다 뱌오.
qǐng dǎ biǎo.
请 打 表.
부탁하다 존칭 계산하다 미터기.

뻐엇 미떠 도아이 크랍.
เปิด มิตเตอร์ ด้วย ครับ.
켜다 미터 ~도 요.

씬 하이 벋 동 호 꽁 떠 멛.
Xin hãy bật đồng hồ công tơ mét.
요구하다 켜다 시계 미터기.

시내로
가고 싶어요.
Downtown, please.

영어

일본어

중국어

공항을 나가면
택시 승차장에 줄지어 서 있는
택시를 볼 수 있습니다.

팁 문화가 있는 나라에서는
택시를 타도 팁을 내야 하니
총금액의 10% 정도를
더 얹어서 주면 됩니다.

태국어

베트남어

다운타운, 플리이즈.
Downtown, please.
번화가, 부탁합니다.

시나이 에 이키 타이 데스.
市内 へ 行き たい です。
시내 에 감 ~하고 싶다 입니다.

워 시앙 취 쓰 을리.
wǒ xiǎng qù shì lǐ.
我 想 去 市里.
나 하고 싶다 가다 시내.

빠이 끌랑 므앙 크랍.
ไป กลาง เมือง ครับ.
가다 가운데 도시 요.

쩌 또이 떠이 쭝 떰 타잉 포.
Cho tôi tới trung tâm thành phố.
하게 하다 나 도착하다 중심 도시.

여기서 세워 주세요.

Stop here please.

영어

일본어

일본은 택시요금이 비싼 나라입니다.
게다가 금액이 올라가는 속도가
굉장히 빠르므로,
경비를 줄이기 위해선
대중교통을 적절하게 이용하는 것이 좋겠죠.

또한, 기본요금이 택시 회사마다 다른데,
택시 뒷문 유리창에
요금표가 부착되어 있으니
미리 확인해 두는 것이 좋습니다.

추가로 일본 택시의 문은
택시 기사에 의해 열리고 닫히기 때문에
문이 안 열린다고
당황할 필요 전혀 없다는 사실!
알아두세요.

중국어

태국어

베트남어

스따압 히어 플리이즈.
Stop here please.
멈추다 여기서 부탁합니다.

코코 데 토메테 쿠다사이.
ここ で 止めて ください。
여기 에서 세워 주세요.

칭 짜이 쩌 을리 팅.
qǐng zài zhè lǐ tíng.
请 在 这里 停.
부탁하다 존칭 ~에 여기 멈추다.

쩟 또롱 니 크랍.
จอด ตรงนี้ ครับ.
주차하다 여기 요.

씬 하이 증 라이 어 더이!
Xin hãy dừng lại ở đây!
요구하다 멈추다 ~에 여기!

165

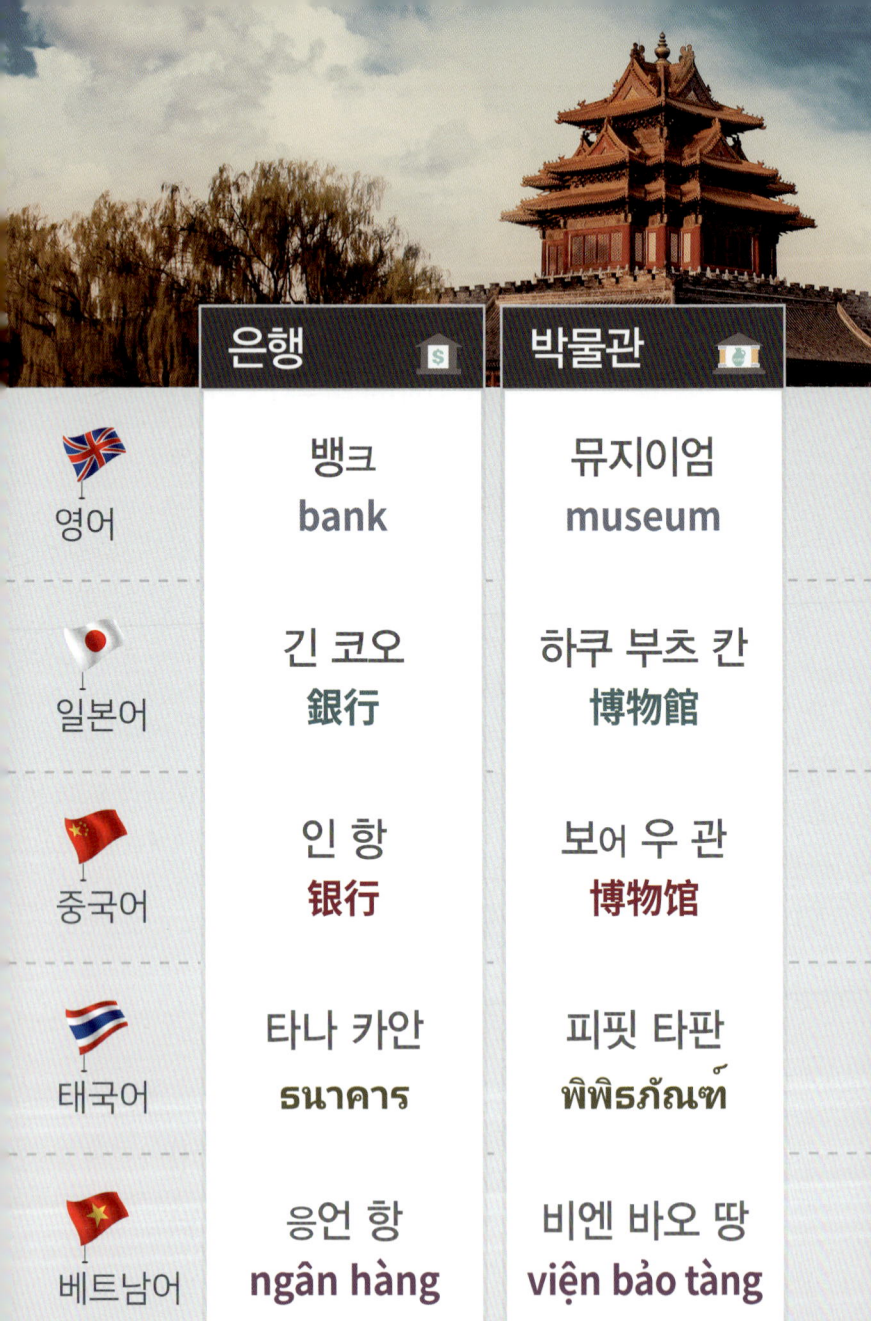

맥줏집(호프)	카페
펍 pub	카페이 café
파부 パブ	카훼 カフェ
지우 빠 酒吧	카 페이 팅 咖啡厅
팝 ผับ	카페 คาเฟ่
꽌 르어우 quán rượu	꽌 까 페 quán cà phê

	매표소	정거장
 영어	티킷 부우뜨 **ticket booth**	스떼이션 **station**
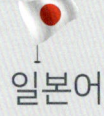 일본어	치켓토 우 리 바 **チケット 売り場**	에키 **駅**
 중국어	셔우 퍄오 츄 **售票处**	쳐 짠 **车站**
 태국어	뚜 또아 **ตู้ตั๋ว**	싸 타니 **สถานี**
 베트남어	너이 반 베 **nơi bán vé**	가 떠우 **ga tàu**

버스 정류장 | 미술관

버스 정류장	미술관
버쓰 스따프 bus stop	아트 뮤지이엄 art museum
바스 테에 バス停	비 쥬츠 칸 美術館
꿍 쨔오 쳐 짠 公交车站	메이 쓔 관 美术馆
빠이 롯매 ป้ายรถเมล์	피핏타판 쓰이라빠 พิพิธภัณฑ์ศิลปะ
디엠 증 쎄 븟 điểm dừng xe buýt	바오 땅 응애 투엇 bảo tàng nghệ thuật

여기가 어디예요?

Where am I?

영어

일본어

중국어

태국어

베트남어

태국 밧화를 원화로 환산할 때는
밧에 대략 35를 곱하면 됩니다.
예를 들어 100밧이라면
우리 돈으로 약 3,500원이 되는 것이지요.

웨어 앰 아이?
Where am I?
어디에 이다 나?

코코 와 도코 데스카?
ここ は どこ ですか?
여기 는 어디 입니까?

칭 원 쩌 쓰 나 을리?
qǐng wèn zhè shì nǎ lǐ?
请 问 这 是 哪里?
부탁하다 존칭 묻다 여기 이다 어디?

티 니 티 나이 크랍?
ที่นี่ ที่ไหน ครับ?
여기 어디 요?

더이 라 더우?
Đây là đâu?
너 이다 어디?

171

화장실이 어디예요?

Where is the toilet?

영어

일본어

중국어

태국어

베트남어

     ⋯⋯⋯⋯⋯

낯선 관광지를 돌아다니다 보면
길 찾기가 힘들지요.
이럴 땐 현지인에게 물어보는 것이
가장 빠르고 확실한 방법입니다.

이때,

「 Where is ~(장소)?
　웨어　　이즈
　: ~는 어디에 있나요?
라는 표현을 활용하면 됩니다. 」

웨어 이즈 더 토일레트?
Where is the toilet?
어디 이다 그 화장실?

토이레 와 도코 데스카?
トイレ は どこ ですか?
화장실 은 어디 입니까?

시 셔우 찌엔 짜이 나 을리?
xǐ shǒu jiān zài nǎ lǐ?
洗手间 在 哪里?
화장실 ~에 있다 어디?

허엉 나암 유 티 나이 크랍?
ห้องน้ำ อยู่ ที่ไหน ครับ?
화장실 있다 어디 요?

냐 베 씬 어 더우?
Nhà vệ sinh ở đâu?
화장실 어디에?

173

직선으로
쭉 가세요.
Go straight.

영어

일본어

중국어

태국어

베트남어

베트남에는 오토바이가 많습니다.
소매치기 역시
오토바이를 이용한 수법을 사용하는데요,

이 때문에 한쪽으로 메는 가방보다는
크로스로 메는 가방을 사용하고,
배낭은 앞으로 메는 것이 좋습니다.
특히 길을 가면서 휴대폰을 사용하거나
지갑을 손에 들고 다니는 것은
위험한 행동입니다.

고우 스트뤠이트.
Go straight.
가다 곧장.

맛스구 잇테 쿠다사이.
まっすぐ 行って ください。
곧장 가 주세요.

즈 저우.
zhí zǒu.
直 走.
곧장 가다.

또롱 빠이 크랍.
ตรง ไป ครับ.
똑바로 가다 요.

디 탕.
Đi thẳng.
가다 곧장.

175

너무 더워요.
It's too hot.

 영어

 일본어

 중국어

 태국어

 베트남어

TV나 에어컨이 작동하지 않는 등
방에 문제가 있는데
마냥 참고 있을 수는 없겠지요.

프런트 데스크에 직접 가거나
전화를 해서 문제점을 말하면,
문제를 직접적으로 해결해 주거나
방을 바꿔줄 것입니다.

잇츠 투우 하트.
It's too hot.
이것은 ~이다 너무 더운.

토테모 아츠이 데스.
とても 暑い です。
너무 덥다 입니다.

타이 러 을러.
tài rè le.
太 热 了.
너무 덥다 감탄.

런 끄은 바이 크랍.
ร้อน เกินไป ครับ.
뜨겁다 매우 요.

너 꽈 넘.
Nó quá nóng.
그(것) 너무 뜨거운.

택시를
좀 불러 주세요.
Call a taxi, please

영어

일본어

중국어

태국어

베트남어

간혹 뚝뚝 รถตุ๊กตุ๊ก 기사의
생계 보전을 위해
택시가 없는 도시가 있습니다.

관광지로 유명한 치앙마이 역시
미터기를 단 택시가 거의 없습니다.
시내 이동 시에는
뚝뚝을 이용해야 할 경우가 많은데,
승차 전에 목적지와 가격을 합의하고
타는 것이 좋겠습니다.

코올 어 택쓰이, 플리이즈.
Call a taxi, please.
부르다 하나의 택시, 부탁합니다.

타쿠시이 오 욘데 쿠다사이.
タクシー を 呼んで ください。
택시 를 불러 주세요.

빵 워 쨔오 이 을리앙 츄 쭈 쳐.
bāng wǒ jiào yí liàng chū zū chē.
帮 我 叫 一 辆 出租车.
돕다 나 부르다 하나 대 택시.

리약 택씨 하이 너어이 크랍.
เรียก แท็กซี่ ให้ หน่อย ครับ.
부르다 택시 주다 조금 요.

거이 딱시 쥼 또이.
Gọi taxi giùm tôi.
전화하다 택시 ~위해 나.

체크인하고 싶습니다.
Check in, please.

영어

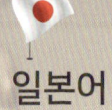
일본어

호텔에 들어가면
체크인을 먼저 해야지요.

프론트 데스크로 가서
「Check in Please.
췌크   인 플리즈.
: 체크인할게요.
라고 말하고,
직원에게 신분증을 보여주면 됩니다.

간혹 보증금을 내야 하는 곳도 있는데요,
체크아웃 시
호텔 안의 유료 물건을 사용하지 않았다면
그대로 환급해주니
걱정하지 않아도 됩니다.

중국어

태국어

베트남어

췌엑 인, 플리이즈.
Check in, please.
체크인, 부탁합니다.

쳇쿠인 시 타이 데스.
チェックイン し たい です。
체크인 함 ~하고 싶다 입니다.

워 시앙 떵 찌.
wǒ xiǎng dēng jì.
我 想 登记.
나 하고 싶다 체크인하다.

첵 인 크랍.
เช็คอิน ครับ.
체크인 요.

쩌 또이 체크 인.
Cho tôi check in.
하게 하다 나 체크인.

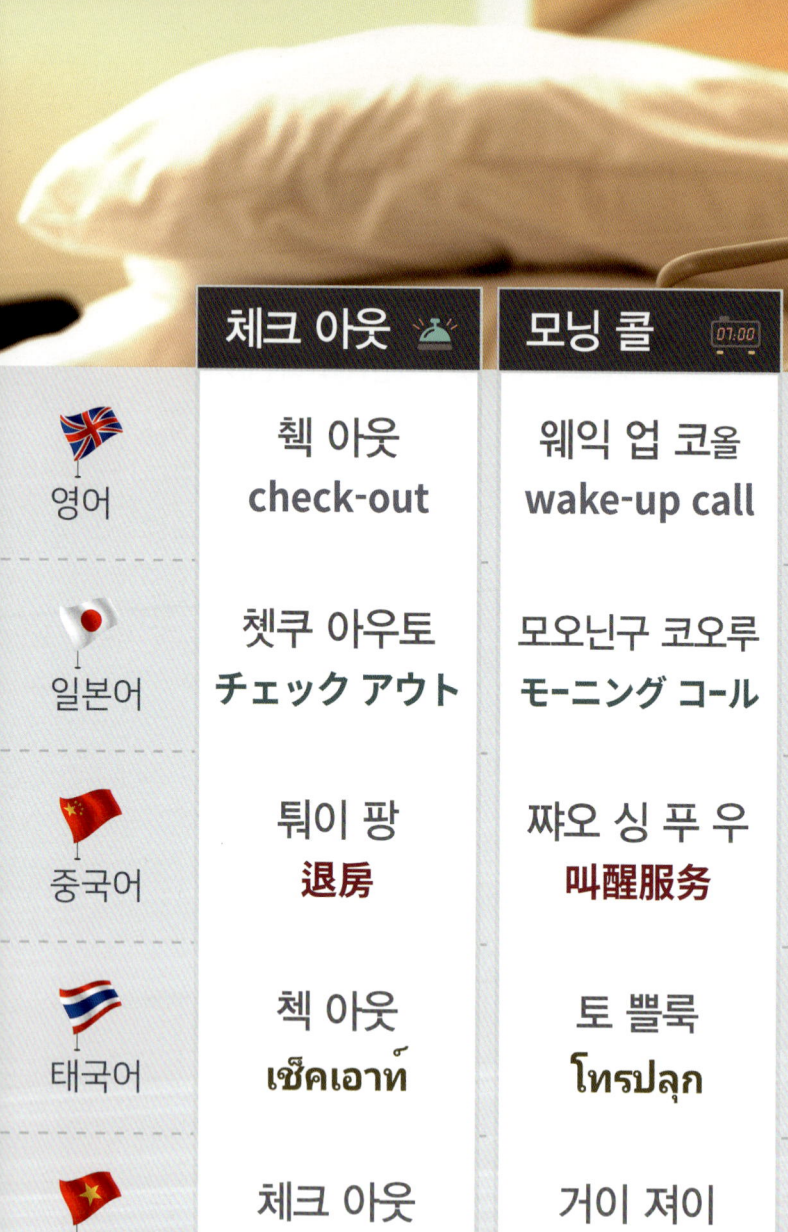

	체크 아웃	모닝 콜
영어	췍 아웃 check-out	웨익 업 코올 wake-up call
일본어	쳇쿠 아우토 チェック アウト	모오닝구 코오루 モーニング コール
중국어	퉈이 팡 退房	쨔오 싱 푸 우 叫醒服务
태국어	첵 아웃 เช็คเอาท์	토 쁠룩 โทรปลุก
베트남어	체크 아웃 check out	거이 져이 gọi dậy

프런트데스크 👩‍💼 | 룸 서비스 📞

| 프런트 데스크 | 루움 써어비스 |
| front desk | room service |

후론토데스쿠
フロントデスク

루우무 사아비스
ルーム サービス

치엔 타이
前台

커 팡 푸 우
客房服务

파낵 떤랍
แผนกต้อนรับ

룸 써비스
รูมเซอร์วิส

레 떤
lễ tân

직 부 퐁
dịch vụ phòng

메뉴판 주세요.
Menu, please.

 영어

 일본어

식사 도중에
냅킨, 앞 접시, 물 등이
필요할 수도 있습니다.
혹은 새 포크나 숟가락을
받아야 할 상황이
생기기도 하지요.

 중국어

 태국어

그럴 때는
「~(원하는 물건) + Please.
　　　　　　　플리즈
Can I have + ~(원하는 물건)?
캔 아이 해브
: ~좀 주시겠어요?.
라는 표현을 활용하면 됩니다.

 베트남어

메뉴우, 플리이즈.
Menu, please.
메뉴판, 부탁합니다.

메뉴우 쿠다사이.
メニュー ください。
메뉴 주세요.

칭 게이 워 차이 딴.
qǐng gěi wǒ cài dān.
请 给 我 菜单.
부탁하다 존칭 주다 나 메뉴.

커어 매누 크랍.
ขอ เมนู ครับ.
원하다 메뉴 요.

쩌 또이 까이 메뉴.
Cho tôi cái menu.
주다 나 그 메뉴판.

	숟가락	젓가락
 영어	스뿌운 spoon	촤압스띠익쓰 chopsticks
 일본어	스푸우운 スプーン	하시 箸
 중국어	츠 즈 匙子	콰이 즈 筷子
 태국어	처언 ช้อน	따 기압 ตะเกียบ
 베트남어	까이 티아 cái thìa	두어 đũa

포크	칼
포어크 fork	나이프 knife
훠어쿠 フォーク	나이후 ナイフ
챠 叉	따오 刀
썸 ส้อม	미잇 มีด
까이 니어 cái nĩa	쟈오 dao

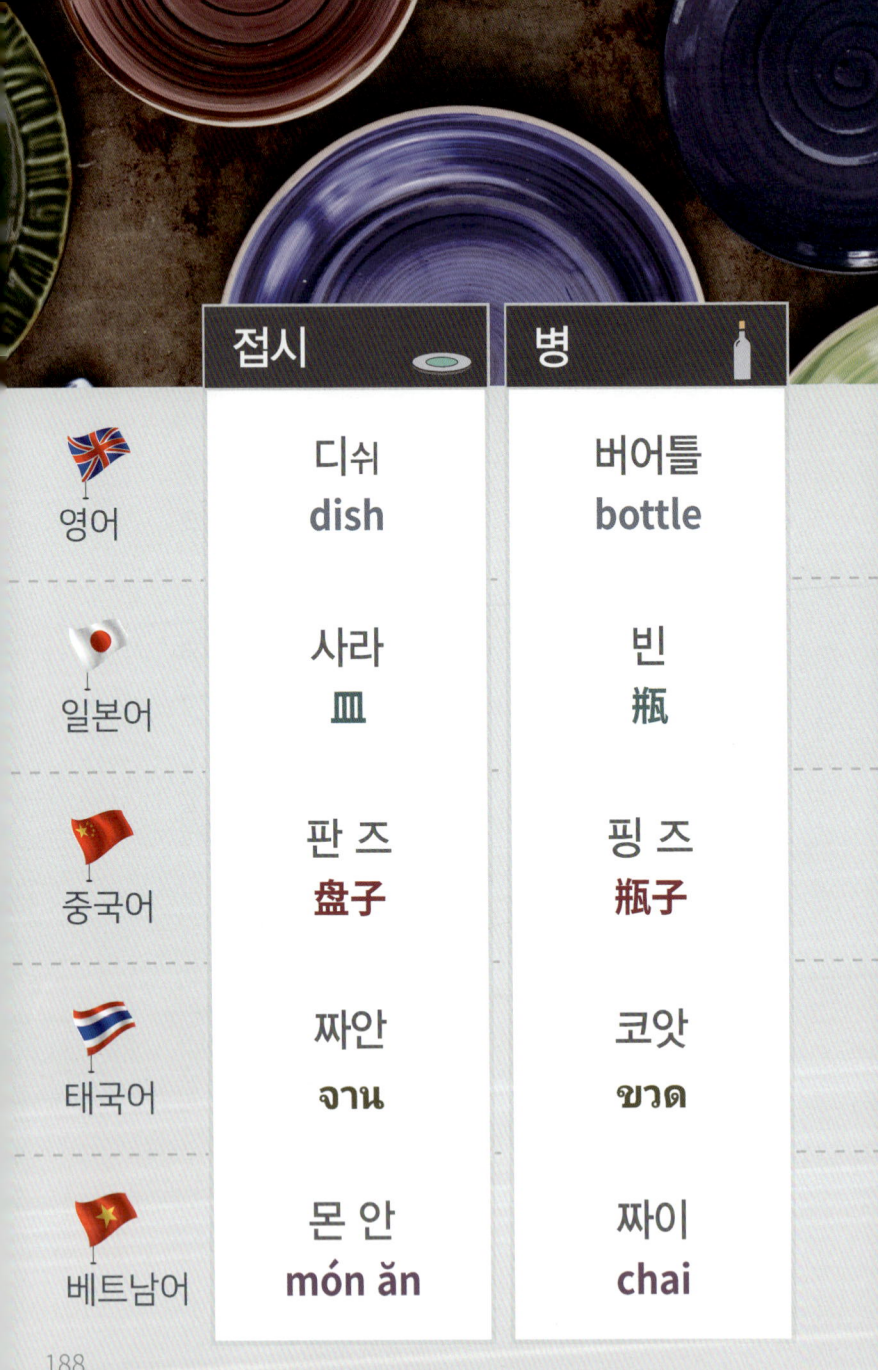

컵	소스
컵 cup	쏘오스 sauce
콧푸 コップ	소오스 ソース
뻬이 즈 杯子	찌앙 쯔 酱汁
토아이 ถ้วย	써엇 ซอส
꼭 cốc	느억 쏟 nước xốt

이거 공짜인가요?

Is it for free?

 영어

한국 술집에서는 손님이 들어오면
메뉴판을 먼저 주고 고를 시간을 주지만
일본 술집(이자카야, 居酒屋)에서는
메뉴판을 주고 그 자리에서 주문을 받죠.
일본사람들은 보통 첫 잔으로
생맥주(나마비이루, 生ビール)를 시키고
그 후에 메뉴판을 보면서 안주를 고릅니다.

간혹 기본 안주가 나오는 곳도 있습니다.
이때 자릿세와 유사한 개념으로,
보통 200~500엔 정도 상당의
기본 안주(오토오시, お通し)에 대한 금액을
사람 수대로 부과하는데,
만약 계산 시 더 부과된 금액이 있다면
기본요금이 추가된 것입니다.

참고로 안주의 양이 대체로 적으므로
따로 식사하고 가는 것이 좋습니다.

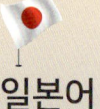 일본어

 중국어

 태국어

 베트남어

이즈 잇 포어 프뤼이?
Is it for free?
이다 이것 ~으로 공짜?

코레、타다 데스카?
これ、タダ ですか?
이거, 공짜 입니까?

쪄 쓰 미엔 페이 더 마?
zhè shì miǎn fèi de ma?
这 是 免费 的 吗?
이것 이다 무료이다 ~인 것 의문?

프리 르으 쁠라우 크랍?
ฟรี หรือเปล่า ครับ?
무료 인가요 요?

너 꺼 미엔 피 콤?
Nó có miễn phí không?
그것 긍정 무료 아니다?

191

한국어 메뉴판 있어요?

Do you have a Korean menu?

영어

일본어

중국어

태국어

베트남어

'아리마스카? ありますか?'라는 표현은
'~있나요?'라고 묻는 표현입니다.
필요한 서비스를 제공하는지,
필요한 물건이 있는지 등을 물어볼 때
유용하게 쓸 수 있습니다.

호텔뿐 아니라 박물관, 마트에서도
사용할 수 있는 표현입니다.

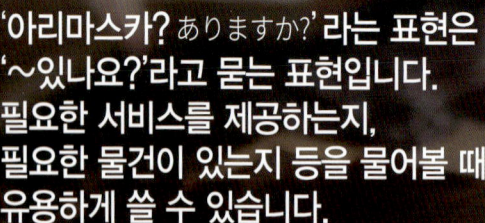

두우 유우 해브 어 커뤼이안 메뉴우?
Do you have a Korean menu?
하다 너 가지고 있다 하나의 한국어의 메뉴판?

칸코쿠고 노 메뉴우 아리 마스카?
韓国語 の メニュー あり ますか?
한국어 ~의 메뉴 있음 (합니까)?

여우 한 위 차이 딴 마?
yǒu hán yǔ cài dān ma?
有 韩语 菜单 吗?
있다 한국어 메뉴판 의문 ?

미 아한 가우 을리이 마이 크랍?
มี อาหาร เกาหลี ไหม ครับ?
있다 음식 한국 의문 요?

반 꺼 특 던 띠엥 한 꾸옥 콤?
Bạn có thực đơn tiếng Hàn Quốc không?
너 가지다 메뉴판 한국어 아니다?

193

한 사람이
계산합니다.
One bill.

영어

일본어

밥을 다 먹었으면, 돈을 낼 차례입니다.

한국에서도 고급 식당에서는
앉은 테이블에서 계산할 수 있듯이
중국도 마찬가지입니다.

식사가 끝난 후 종업원에게
'마이딴 买单' 이라고 간단하게 말하면
계산서를 받을 수 있습니다.

작은 가게의 경우
카드 계산이 되지 않는 경우가 많기 때문에
현금(씨앤진, 现金)을 넉넉히 들고 다니고
신용카드(씬용카, 信用卡)는
비상용으로만 사용하는 것이 좋습니다.

중국어

태국어

베트남어

원 비일.
One bill.
하나의 계산서.

잇쇼니 카이케에 시테 쿠다사이.
一緒に 会計 して ください。
함께 회계 해 주세요.

이 꺼 런 푸.
yī gè rén fù.
一 个 人 付.
하나 명 사람 지불하다.

짜이 로암 크랍.
จ่าย รวม ครับ.
지급하다 합하다 요.

쩌 못 화 던 쭝.
Cho một hóa đơn chung.
주다 하나 계산서 전체.

각자 계산합니다.
Separate bills.

     ················

미국이나 유럽 등지에서는 팁이 필수입니다.
팁이 임금으로 여겨지는 경우가
대부분이기 때문입니다.
그래서 종업원에게
팁을 주지 않거나, 적게 냈을 경우엔
쫓아와서 팁을 달라고 하기도 합니다.

나라에 따라 다르지만,
팁은 보통 10~15% 정도입니다.
식사비는 카드로 계산하고
팁은 현금으로 내도 좋고,
식사비와 팁 모두를 카드로 내도 되는데,
카드로 낼 경우
종업원이 가져온 계산서에
'tip: $2' 이런 식으로 적어
카드와 계산서를 건네면
팁까지 한 번에 계산할 수 있습니다.

 영어

 일본어

 중국어

 태국어

 베트남어

쎄퍼뤠이트 비일스.
Separate bills.
나누어진 계산서들.

와케테 카이케에 시 마스.
分けて 会計 し ます。
나눠서 회계 함 (합니다).

펀 카이 푸. / 펀 카이 쑤안.
fēn kāi fù. / fēn kāi suàn.
分开 付. / 分开 算.
나누다 지불하다. / 나누다 계산하다.

짜이 엑 크랍.
จ่าย แยก ครับ.
지불하다 나눠서 요.

쩌 또이 탄 또안 지엥.
Cho tôi thanh toán riêng.
하게 하다 나 지불하다 따로.

포장 부탁합니다.
Take out, please.

영어

일본어

중국어

태국어

베트남어

태국과 베트남에서 환전할 때
일단 미국 달러로 환전하고,
현지에서 다시 환전하는 것이 좋습니다.
한국에서는
현지 화폐로 환전하기도 어려울 뿐 아니라
환율도 썩 좋지 않기 때문입니다.

현지에서는 달러의 지폐 단위에 따라
조금씩 다른 환율을 적용하기도 하는데,
대체로 100달러짜리가 가장 우대받습니다.

테익 아웃, 플리이즈.
Take out, please.
포장해가기, 부탁합니다.

츠츤데 쿠다사이.
包んで ください。
포장해 주세요.

다 빠오 이 씨아.
dǎ bāo yí xià.
打包 一下.
포장하다 좀 ~하다.

아우 끌랍 바안 크랍.
เอา กลับ บ้าน ครับ.
가지다 돌아가다 집 요.

쩌 또이 망 디.
Cho tôi mang đi.
하게 하다 나 운반하다 가다.

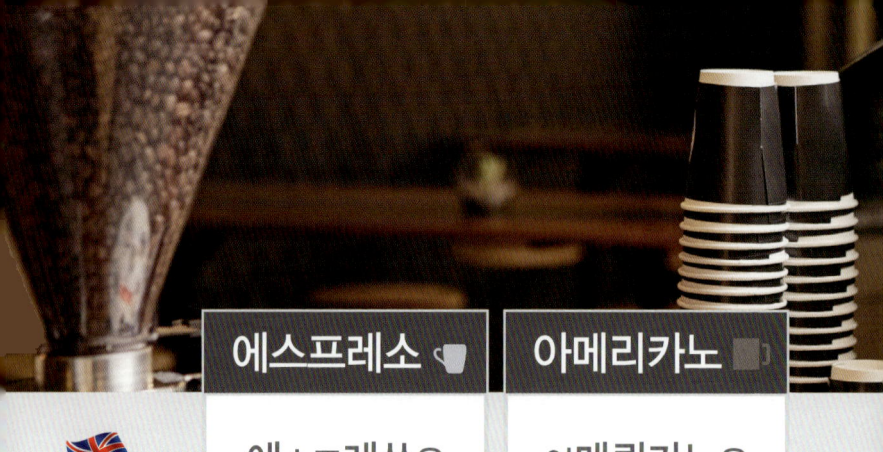

	에스프레소 ☕	아메리카노 ☕
 영어	에스프레쏘우 espresso	어메뤼카노우 americano
 일본어	에스푸렛소 エスプレッソ	아메리카아노 アメリカーノ
 중국어	눙 쑤어 카 페이 浓缩咖啡	메이 쓰 카 페이 美式咖啡
 태국어	에스 프레스 소 เอสเพรสโซ	아메리까노 อเมริกาโน่
 베트남어	에스프레소 espresso	아메리카노 americano

카페 라테 | 바닐라 라테

카페 라테	바닐라 라테
카페이 을라아테이 **cafe latte**	버닐라 을라아테이 **vanilla latte**
카훼라테 **カフェラテ**	바니라라테 **バニララテ**
나 티에 카 페이 **拿铁咖啡**	씨앙 차오 나 티에 **香草拿铁**
카페 라떼 **กาแฟ ลาเต้**	와닐라 라떼 **วานิลลา ลาเต้**
라떼 **latte**	바닐라 라떼 **vanilla latte**

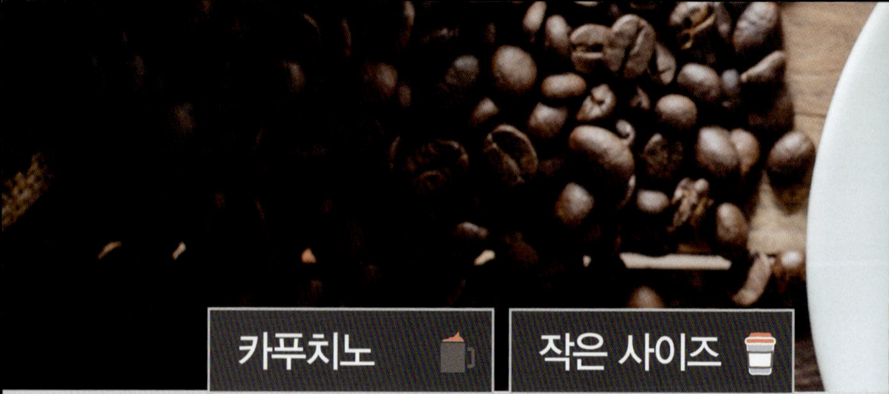

	카푸치노	작은 사이즈
 영어	캐푸취이노우 cappuccino	스머얼 싸이즈 small size
 일본어	카푸치이노 カプチーノ	스모오루 사이즈 スモール サイズ
 중국어	카 뿌 치 누어 卡布奇诺	샤오 뻬이 小杯
 태국어	카푸치노 คาปูชิโน่	카낫 랙 ขนาดเล็ก
 베트남어	까푸치노 cappuccino	꺼 녀 cỡ nhỏ

중간 사이즈 🥤	큰 사이즈 🥤
미이디엄 싸이즈 medium size	을라쥐 싸이즈 large size
미디아무 사이즈 **ミディアム サイズ**	라아지 사이즈 **ラージ サイズ**
쭝 뻬이 **中杯**	따 뻬이 **大杯**
카낫 끄랑 **ขนาดกลาง**	카낫 야이 **ขนาดใหญ่**
꺼 브어 **cỡ vừa**	꺼 런 **cỡ lớn**

계산서 주세요.

Bill, please.

영어

일본어

중국어

태국어

베트남어

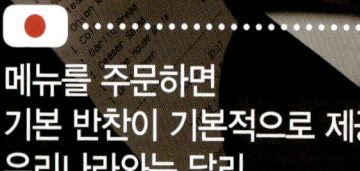

메뉴를 주문하면
기본 반찬이 기본적으로 제공되는
우리나라와는 달리
국가 대부분에서는
주문한 음식만 제공합니다.

특히 일본의 경우
반찬을 선택할 수는 있지만
비용을 지불해야 하며,
리필이 되지 않습니다.

비일, 플리이즈.
Bill, please.
계산서, 부탁합니다.

케에산쇼 오네가이 시 마스.
計算書 お願い し ます。
계산서 부탁 함 (합니다).

지에 쨩.
jié zhàng.
结账.
계산하다.

첵 빈 너어이 크랍.
เช็ค บิล หน่อย ครับ.
확인하다 계산서 조금 요.

쩌 또이 까이 화 던.
Cho tôi cái hóa đơn.
주다 나 그 계산서.

이걸로 주세요.
This one, please.

 영어

 일본어

 중국어

 태국어

 베트남어

일본의 라멘 가게는
자판기를 통해 주문을 받는 경우가 많습니다.

자판기에서 메뉴를 고르고 돈을 넣으면
주문서가 나옵니다.
주문서를 주방이나 종업원에게 전달하면
주문이 완료되지요.

자판기가 없는 곳이라면
메뉴판이나 음식 사진을 가리키며
'이것'(코레, これ) 이라고 하거나,
'주세요'(쿠다사이, ください) 라고만
해도 됩니다.

디쓰 원, 플리이즈.
This one, please.
이것, 부탁합니다.

코레 데 쿠다사이.
これ で ください。
이것 으로 주세요.

칭 게이 워 쩌 거.
qǐng gěi wǒ zhè ge.
请 给 我 这个.
부탁하다 존칭 주다 나 이것.

커어 안 니 크랍.
ขอ อันนี้ ครับ.
원하다 이거 요.

쩌 또이 까이 나이.
Cho tôi cái này.
주다 나 이것.

	샌드위치 🥪	햄버거 🍔
 영어	쌘드위취 sandwich	햄버어거 hamburger
 일본어	산도잇치 サンドイッチ	한바아가아 ハンバーガー
 중국어	싼 밍 쯔 三明治	한 바오 汉堡
 태국어	샌윗 แซนด์วิช	햄버꺼 แฮมเบอร์เกอร์
 베트남어	샌드위치 sandwich	반 햄버거 bánh hamburger

감자튀김	패스트푸드
프뤤쳐 프라이즈 French fries	패스트 푸우드 fast food
후라이도포테토 フライドポテト	화아스토후우도 ファーストフード
슈 탸오 薯条	콰이 찬 快餐
만 파랑 텃 มันฝรั่งทอด	팟 풀 ฟาสต์ฟู้ด
콰이 떠이 찌엔 khoai tây chiên	특 안 냔 thức ăn nhanh

파스타	국수
파아스따 pasta	누우들 noodle
파스타 パスタ	멘 麺
이 따 을리 미엔 意大利面	미엔 탸오 面条
파스 따 พาสต้า	꼬웨이 티아우 ก๋วยเตี๋ยว
미 옹 mỳ ống	미 써이 mì sợi

 영어

 일본어

 중국어

 태국어

 베트남어

피자	토스트
핏짜 pizza	토우스트 toast
피자 ピザ	토오스토 トースト
비 싸 比萨	투 쓰 吐司
핏싸 พิซซ่า	카놈 빵 삥 ขนมปังปิ้ง
피자 pizza	반 미 느엉 bánh mì nướng

수프	혼합
쑤웁 soup	믹쓰드 mixed
스으푸 スープ	콘 고오 混合
탕 汤	훈 허 混合
쓰웁 ซุป	파솜 ผสม
쑵 xúp	파 쫀 pha trộn

주문할게요.
Order, please.

영어

일본어

일본 음식은 우리에게 익숙한 편으로,
우리나라 사람들의 입맛에 잘 맞습니다.
일본 현지에서 음식 때문에
고생할 일은 비교적 적은 편이지요.

그중에서도
신선한 해산물(카이산부쯔, 海産物) 요리와
튀김(텐뿌라, 天ぷら)류가
맛있기로 유명합니다.

일본으로 떠나기 전,
갈 만한 식당을 선별해 두는 것도 좋지만,
현지인들에게
맛집을 추천받는 것도 좋겠죠.

중국어

태국어

베트남어

오오더, 플리이즈.
Order, please.
주문, 부탁합니다.

츄우몬 오네가이 시 마스.
注文 お願い し ます。
주문 부탁 함 (합니다).

워 야오 디엔 찬.
wǒ yào diǎn cān.
我 要 点 餐.
나 원하다 주문하다 음식.

커어 쌍 아한 크랍.
ขอ สั่ง อาหาร ครับ.
원하다 시키다 음식 요.

또이 쎄 거이 몬.
Tôi sẽ gọi món.
나 ~할 것이다 미래 주문하다.

주문 	청구서 
오오더 **order**	비일 **bill**
츄우 몬 **注文**	칸 죠오 가키 **勘定書**
디엔 차이 **点菜**	쨩 딴 **账单**
바이 쌍 **ใบสั่ง**	빈 **บิล**
거이 몬 **gọi món**	화 던 **hóa đơn**

 영어

 일본어

 중국어

 태국어

 베트남어

영수증

뤼쓰이잇
receipt

료오 슈우 쇼
領収書

파 퍄오
发票

바이 쎗 랍 응언
ใบเสร็จรับเงิน

비엔 라이
biên lai

냅킨

냅킨
napkin

나푸킨
ナプキン

찬 찐
餐巾

파 챗 빡
ผ้าเช็ดปาก

칸 안
khăn ăn

너무 짜요.
It's too salty.

태국과 베트남에서 사찰에 방문할 때는
옷차림에 신경 써야 합니다.
민소매나 너무 짧은 바지를 입으면
입장이 금지될 수 있으며,
특히 태국에서는
슬리퍼를 신고 입장하는 것도
금지인 경우가 있습니다.

 영어

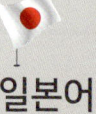 일본어

 중국어

 태국어

 베트남어

잇츠 투우 써얼티.
It's too salty.
이것은 ~이다 너무 짠.

코레 와 숏파스기 마스.
これ は しょっぱすぎ ます。
이것 은 너무 짬 (합니다).

타이 시엔 을러.
tài xián le.
太 咸 了.
너무 짜다 감탄.

캠 끄은 바이 크랍.
เค็ม เกินไป ครับ.
짜다 매우 요.

너 꽈 만.
Nó quá mặn.
그(것) 너무 짜다.

	단맛의	짠맛의
 영어	스위잇 sweet	써얼티 salty
 일본어	아마 이 甘い	숏 파이 塩っぱい
 중국어	티엔 더 甜的	시엔 더 咸的
 태국어	와안 หวาน	케엠 เค็ม
 베트남어	응얻 ngọt	만 mặn

매운맛의 🌶	신맛의 🍋
스빠이쓰이 spicy	싸우어 sour
카라 이 辛い	슷 파이 酸っぱい
을라 더 辣的	쑤안 더 酸的
페엣 เผ็ด	쁘리야우 เปรี้ยว
까이 cay	쭈어 chua

맛있다.
It's good. / It's delicious.

 영어

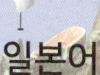 일본어

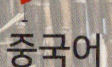 중국어

 태국어

 베트남어

태국에서
코끼리나 마차는
되도록 타지 않는 것이 좋습니다.

타기 전 흥정했던 가격을
100밧에서 100달러라고
바꿔 말하는 경우가 있고,
돈을 낼 때까지 내리지 못하게 하는 경우가
있기 때문입니다.

잇츠 구드. / 잇츠 디을리셔스.
It's good. / It's delicious.
이것은 ~이다 좋은. / 이것은 ~이다 맛있는.

오이시이.
美味しい。
맛있다.

하오 츠.
hǎo chī.
好吃.
맛있다.

아러이 크랍.
อร่อย ครับ.
맛있다 요.

응언. / 젓 응언.
Ngon. / Rất ngon.
맛있는. / 매우 맛있는.

설탕은
빼주세요.

No sugar, please.

 영어

 일본어

 중국어

 태국어

 베트남어

동남아 음식에 들어가는 고수풀은
중국사람들도 좋아하는 향신료입니다.

때문에, 이 향에 거부감이 있는 사람이라면
중국 음식을 주문할 때도
고수풀을 빼달라고 요청하는 것이
좋습니다.

노우 슈거, 플리이즈.
No sugar, please.
0의 설탕, 부탁합니다.

사토오 와 누이테 쿠다사이.
砂糖 は 抜いて ください。
설탕 은 빼 주세요.

부 야오 탕.
bú yào táng.
不要 糖.
필요 없다 설탕.

마이 아우 나암 따안 크랍.
ไม่ เอา น้ำตาล ครับ.
부정 갖다 설탕 요.

람 언 콤 쩌 드엉.
Làm ơn không cho đường.
부탁하다 아니다 주다 설탕.

견과류

너트
nut

낫츠
ナッツ

찌엔 구어
坚果

토아
đậu

핫
hạt

고수

코리엔더
coriander

코리안다아
コリアンダー

씨앙 차이
香菜

팍치
ชีลา

라우 무이
rau mùi

와이파이 비밀번호가 뭐예요?
What is the Wi-Fi password?

 영어

 일본어

 중국어

 태국어

 베트남어

와이파이는 일정 거리 내에서
무선으로 인터넷을 쓸 수 있는
통신망을 말합니다.

식당이나 호텔에서는
고객들이 무료로 사용할 수 있도록
와이파이망을 갖춰놓은 경우가 많으니
필요한 경우
비밀번호를 물어보는 것이 좋습니다.

왓 이즈 더 와이파이 패쓰워어드?
What is the Wi-Fi password?
무엇 이다 그 와이파이 비밀번호?

와이화이 노 파스와아도 와 난 데스카?
ワイファイ の パスワード は 何 ですか?
와이파이 ~의 비밀번호 는 무엇 입니까?

와이화이 미 마 쓰 션 머?
Wi-Fi mì mǎ shì shén me?
Wi-Fi 密码 是 什么?
와이파이 비밀번호 이다 무엇?

라 핫 와이 파이 크 아 라이 크랍?
รหัส ไวไฟ คือ อะไร ครับ?
암호 무선인터넷 이다 무엇 요?

먿 커우 와이파이 라 지?
Mật khẩu Wi-Fi là gì?
비밀번호 와이파이 이다 무엇?

생맥주 주세요.
Draft beer, please.

영어

일본어

     ················

외국에 왔으면
외국의 밤 문화를
즐겨 보는 것도 좋겠죠.

간편하게 주류 판매점이나
마트에서 술을 사거나
근처 바에서 한잔하는 것도 나쁘지 않겠죠.

대부분 국가에서는 술을 살 때
신분증(ID) 검사를 하니
주류 판매점에 갈 때도
신분증을 챙겨가야 합니다.
이때 여권 원본을 가져가도 되지만,
도난에 대비해 복사본을 챙겨 가는 것이
안전합니다.

중국어

태국어

베트남어

드뤠프트 비어, 플리이즈.
Draft beer, please.
생맥주, 부탁합니다.

나마비이루 쿠다사이.
生ビール ください。
생맥주 주세요.

칭 게이 워 셩 피.
qǐng gěi wǒ shēng pí.
请 给 我 生啤.
부탁하다 존칭 주다 나 생맥주.

커어 비아쏫 크랍.
ขอ เบียร์สด ครับ.
원하다 생맥주 요.

쩌 또이 비아 뜨어이.
Cho tôi bia tươi.
주다 나 맥주 신선한.

231

	술 🍾	맥주 🍺
 영어	앨커호올 alcohol	비어 beer
 일본어	사케 酒	비이루 ビール
 중국어	지우 酒	피 지우 啤酒
 태국어	을라우 เหล้า	비아 เบียร์
 베트남어	르어우 rượu	비아 bia

와인	칵테일
와인 wine	카악테이을 cocktail
와인 ワイン	카쿠테루 カクテル
푸 타오 지우 葡萄酒	찌 웨이 지우 鸡尾酒
와인 ไวน์	컥 테일 ค็อกเทล
르어우 뇨 rượu nho	꼭떼일 cocktail

디저트	케이크
디져어엇 **dessert**	케익 **cake**
데자아토 **デザート**	케에키 **ケーキ**
티엔 핀 **甜品**	딴 까오 **蛋糕**
카 놈 **ขนม**	케엑 **เค้ก**
도 짱 미엥 **đồ tráng miệng**	반 응얻 **bánh ngọt**

 영어
 일본어
 중국어
 태국어
 베트남어

초콜릿	아이스크림
춰어컬럿 chocolate	아이쓰 크뤼임 ice-cream
쵸코레에토 チョコレート	아이스쿠리이무 アイスクリーム
챠오 커 을리 巧克力	삥 치 을린 冰淇淋
척껄렛 ช็อกโกแลต	아이 띰 ไอติม
쏘꼴라 sô cô la	껨 kem

좀 깎아 주세요.
Give me a discount.

 영어

 일본어

일본은 대부분 지역에서
정가 제도를 시행하기 때문에
가격 흥정이 어렵습니다.
저렴하게 쇼핑하고 싶다면
세일 타임을 노려야 합니다.

겨울 세일(12월 말~1월)과
여름 세일(7월 초~7월 말) 시즌에는
특정 브랜드를 제외하고는
50~80%까지 할인 판매하므로
쇼핑이 목적이라면
이 기간에 맞춰 여행을 가는 것도 좋겠죠.

다만 백화점이나 지역마다
세일이 끝나는 때가 조금씩 다르므로
미리 알아두고 가는 것이 좋습니다.

 중국어

 태국어

 베트남어

기브 미이 어 디스카운트.
Give me a discount.
주다 나에게 하나의 할인.

춋토 와리비키 시테 쿠다사이.
ちょっと 割引 して ください。
좀 할인 해 주세요.

피엔 이 이 디엔.
pián yí yì diǎn.
便宜 一点.
싸다 조금.

을롯 라카 하이 너어이 크랍.
ลด ราคา ให้ หน่อย ครับ.
줄이다 가격 주다 조금 요.

쟘 쟈 쩌 또이.
Giảm giá cho tôi.
할인하다 ~에게 나.

할인

디스카운트
discount

와리 비키
割引

져 커우
折扣

수안 롯
ส่วนลด

쟘 쟈
giảm giá

반값

해프-프롸이스
half-price

한 가쿠
半額

빤 찌아
半价

크룽 라카
ครึ่งราคา

못 느어 쟈
một nửa giá

	백화점 🏢	쇼핑센터 🏢
 영어	디파아트먼트 스토어 department store	샤아삥 쎈터 shopping center
 일본어	데파아토 デパート	숏핀구센타아 ショッピングセンタ
 중국어	바이 후어 꿍 쓰 百货公司	꺼우 우 쭝 씬 购物中心
 태국어	하응 쌉파씬카 ห้างสรรพสินค้า	쑤은 깐카 ศูนย์การค้า
 베트남어	끄어 항 박 화 cửa hàng bách hóa	쭝땀 무어 쌈 trung tâm mua sắm

슈퍼마켓 🛒	기념품 가게 🏠
쑤우퍼마아킷 **supermarket**	수베니어 샤압 **souvenir shop**
스으파아마아켓토 **スーパーマーケット**	키 넨 힌 쇼오 텐 **記念品商店**
챠오 쓰 **超市**	찌 니엔 핀 썅 띠엔 **纪念品商店**
쑤 쁘어 마껫 **ซุปเปอร์มาร์เก็ต**	란 카이 컹 티 을라 륵 **ร้านขายของที่ระลึก**
씨에우 티 **siêu thị**	끄어 항 르우 니엠 **cửa hàng lưu niệm**

너무 비싸요.
It's too expensive.

영어

일본어

중국어

태국어

베트남어

   ·························

백화점을 제외한 조그만 상점에선
제값을 주고 샀다간
바가지를 쓸 수 있습니다.
외국인들에게는
대부분 처음에 말도 안 되는 가격을
부르곤 하거든요.

이때는 조금 힘들더라도
발품을 팔아서
대략적인 가격을 파악하는 게 좋습니다.

잇츠 투우 익쓰펜쓰이브.
It's too expensive.
이것은 ~이다 너무 비싼.

타카스기 마스.
高すぎ ます。
너무 비쌈 (합니다).

타이 꿔이 을러.
tài guì le.
太 贵 了.
너무 비싸다 감탄.

펭 끄은 바이 크랍.
แพง เกินไป ครับ.
비싸다 매우 요.

너 꽈 닷.
Nó quá đắt.
그(것) 너무 비싸다.

243

	값싼	비싼
영어	치입 cheap	익쓰펜쓰이브 expensive
일본어	야스 이 安い	타카 이 高い
중국어	피엔 이 더 便宜的	꿔이 더 贵的
태국어	투욱 ถูก	패앵 แพง
베트남어	제 rẻ	닷 đắt

긴	짧은
을로옹 long	쇼오엇 short
나가 이 長い	미지카 이 短い
창 더 长的	두안 더 短的
야우 ยาว	싼 สั้น
쟈이 dài	응안 ngắn

이게 뭐예요?

What is it?

 영어

 일본어

 중국어

쇼핑은 여행의 묘미 중 하나죠.
중국에서만 살 수 있는 물건이라든가,
한국보다 중국에서 더 저렴한 물건들을
체크해 두고 쇼핑하는 것도 좋은 방법이죠.

중국은 지방마다
독특한 특산품들도 많이 있고,
그중 차 종류는 선물하기도 좋습니다.

 태국어

 베트남어

왓 ㅣ 이즈 ㅣ 이트?
What is it?
무엇 ㅣ 이다 ㅣ 그것?

코레 ㅣ 와 ㅣ 난 ㅣ 데스카?
これ は 何 ですか?
이것 ㅣ 은 ㅣ 무엇 ㅣ 입니까?

칭 ㅣ 원 ㅣ 쪄 ㅣ 쓰 ㅣ 션 머?
qǐng wèn zhè shì shén me?
请 问 这 是 什么?
부탁하다 존칭 ㅣ 묻다 ㅣ 이것 ㅣ 이다 ㅣ 무엇?

아 라이 ㅣ 크랍?
อะไร ครับ?
무엇 ㅣ 요?

더이 ㅣ 라 ㅣ 까이 지?
Đây là cái gì?
이것 ㅣ 이다 ㅣ 무엇?

너무 커요.

It's too big.

 영어

 일본어

 중국어

 태국어

 베트남어

     ··············

점원에게 추천받은 물건이
마음에 들지 않거나
치수가 안 맞을 때,
바꿔 달라는 말을 하기 어렵다면,
왜 이 물건이 마음에 들지 않는지
말하는 정도로도
어느 정도 의미 전달이 가능합니다.

잇츠 투우 비그.
It's too big.
이것은 ~이다 너무 큰.

오오키스기 마스.
大きすぎ ます。
너무 큼 (합니다).

타이 따 을러.
tài dà le.
太 大 了.
너무 크다 완료.

야이 끄은 바이 크랍.
ใหญ่ เกินไป ครับ.
크다 매우 요.

너 꽈 떠.
Nó quá to.
그것 너무 큰.

큰	작은
비익 big	스머얼 small
오오 키이 大きい	치이 사이 小さい
따 더 大的	샤오 더 小的
야이 ใหญ่	렉 เล็ก
떠 to	녀 nhỏ

영어

일본어

중국어

태국어

베트남어

무거운	꽉 조이는
헤비 heavy	타잇 tight
오모 이 重い	키츠이 きつい
쭝 더 重的	진 더 紧的
나악 หนัก	내엔 แน่น
낭 nặng	젓 런 rất lớn

가방을 찾고 있어요.
I am looking for a bag.

 영어

 일본어

 중국어

 태국어

 베트남어

가게에 들어서면
점원이 먼저 '도와드릴까요?'라고
물어볼 수 있습니다.

이때 찾고 있는 물건이 있다면,
┌ I'm looking for + ~(찾는 물건).
  아임   루킹   포-
: ~을 찾고 있어요.
라고 말하면 됩니다.

아이 앰 을루킹 포어 어 배그.
I am looking for a bag.
나 이다 보고 있는 ~을 위해 하나의 가방.

카반 오 사가시테 이마스.
カバン を 探して います。
가방 을 찾고 있습니다.

워 짜이 쟈오 이 꺼 빠오.
wǒ zài zhǎo yī gè bāo.
我 在 找 一 个 包.
나 하고 있다 찾다 하나 개 가방.

깜을랑 하 끄라 빠우 유 크랍.
กำลัง หา กระเป๋า อยู่ ครับ.
현재진행 찾다 가방 ~중이다 요.

또이 당 띔 못 까이 뚜이.
Tôi đang tìm một cái túi.
나 ~하고 있다 찾다 하나 가방.

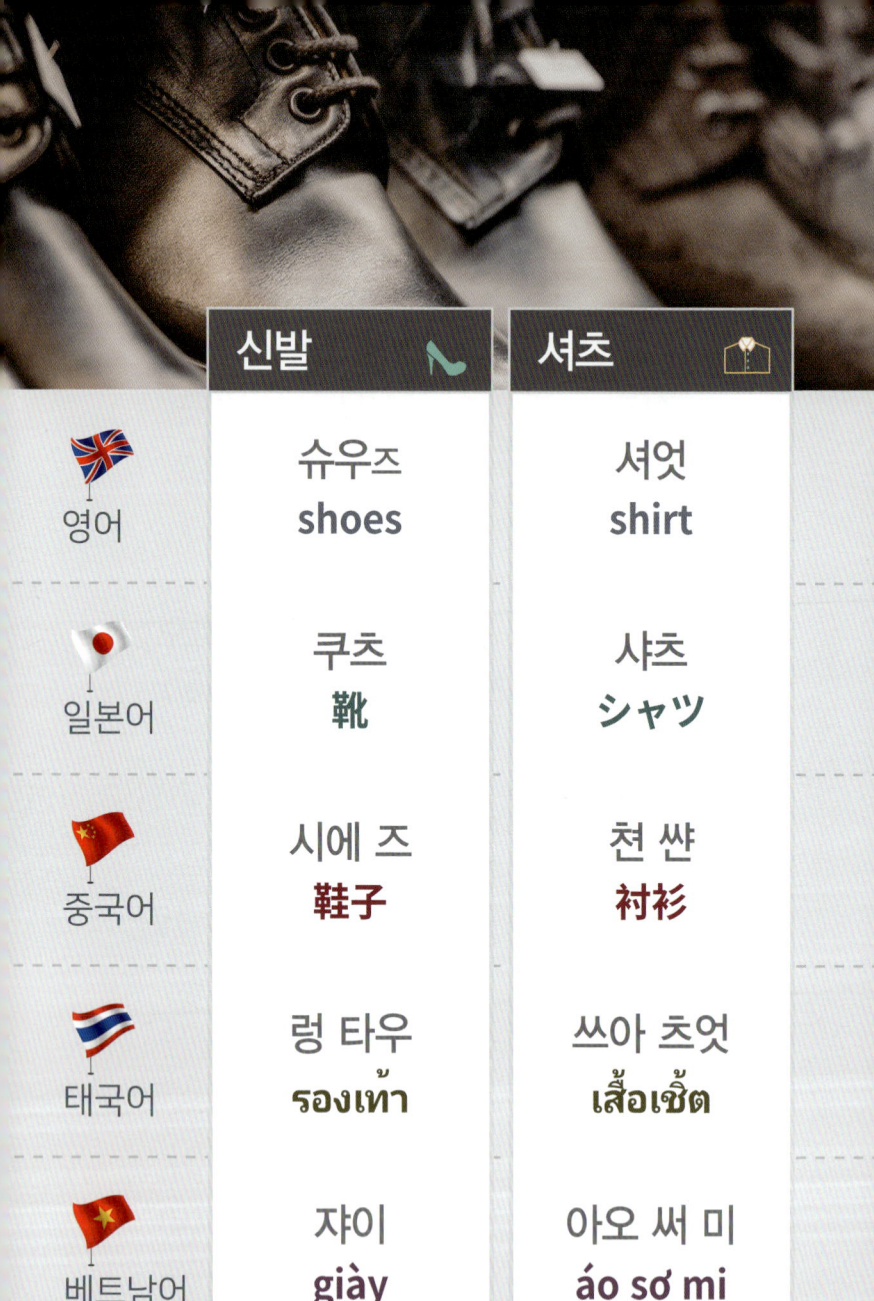

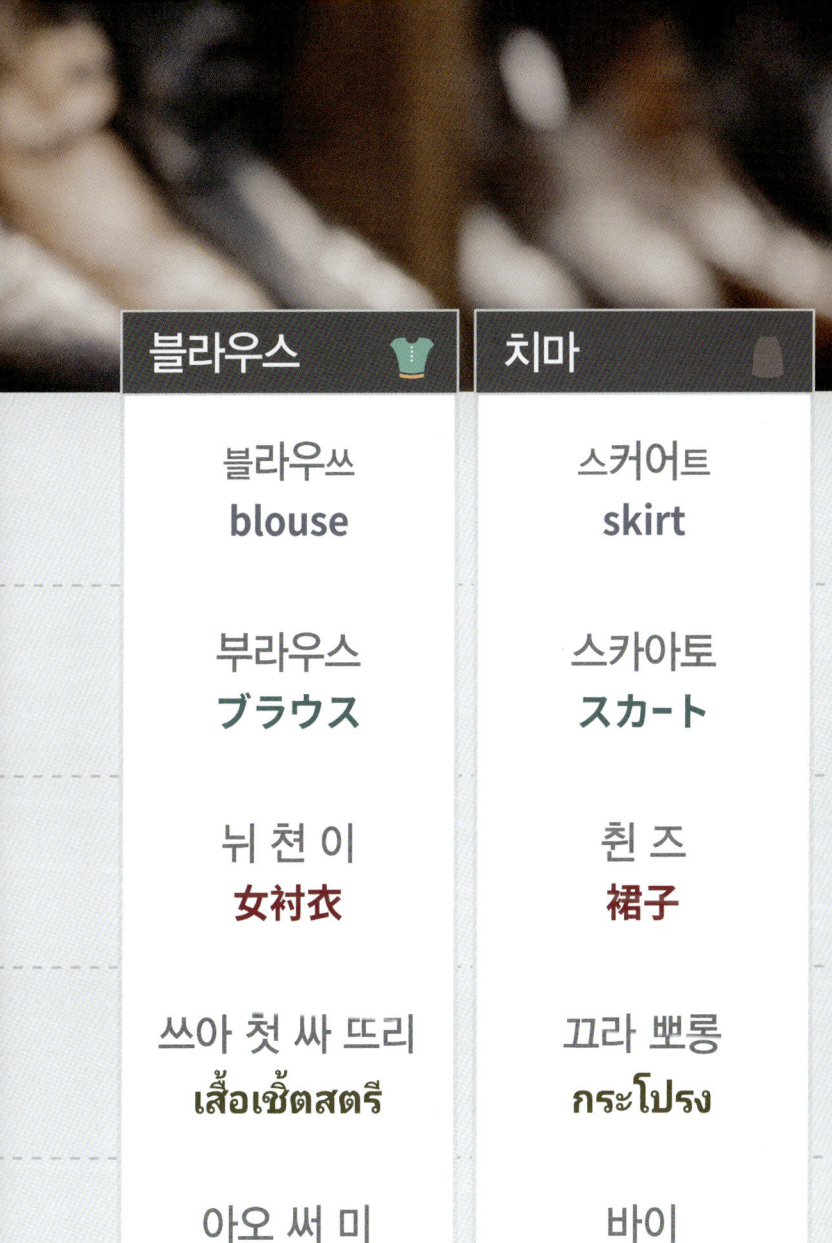

블라우스	치마
블라우쓰 **blouse**	스커어트 **skirt**
부라우스 **ブラウス**	스카아토 **スカート**
뉘 첸 이 **女衬衣**	췬 즈 **裙子**
쓰아 첫 싸 뜨리 **เสื้อเชิ้ตสตรี**	끄라 뽀롱 **กระโปรง**
아오 써 미 **áo sơ mi**	바이 **váy**

지갑	담배
워얼리잇 wallet	쓰이거뤳 cigarette
사이 후 **財布**	타바코 **タバコ**
치엔 빠오 **钱包**	씨앙 옌 **香烟**
끄라 빠우 사땅 **กระเป๋าสตางค์**	부리 **บุหรี่**
비 **ví**	투옥 라 **thuốc lá**

검은색도 있나요?

Do you have a black one?

영어

일본어

중국어

태국어

베트남어

마음에 드는 물건이 있는데,
같은 물건으로
다른 색, 다른 크기를 사고 싶다면
어떻게 해야 할까요?

이때는,
「Do you have + ~(찾는 물건)?
　두 유　　해브
：~이 있나요?」
를 활용하면 됩니다.

두우 유우 해브 어 블랙 원?
Do you have a black one?
있다 너 가지고 있다 하나의 검은 것?

쿠로 모 아리 마스카?
黒 も あり ますか?
검정 도 있음 (합니까)?

여우 헤이 써 더 마?
yǒu hēi sè de ma?
有 黑色 的 吗?
있다 검은색 의 것 의문?

미 쓰이 담 마이 크랍?
มี สี ดำ ไหม ครับ?
있다 색깔 검은색 의문 요?

반 꺼 마우 덴 콤?
Bạn có màu đen không?
너 가지다 검은색 아니다?

회색	빨간색
그뤠이 grey	뤠드 red
하이 이로 灰色	아카 赤
후이 써 灰色	훙 써 红色
쓰이 타우 สีเทา	쓰이 댕 สีแดง
쌈 xám	도 đỏ

	주황색	노란색
 영어	오륀쥐 orange	옐로우 yellow
일본어	오렌지 オレンジ	키 이로 黄色
 중국어	쥐 써 橘色	후앙 써 黄色
 태국어	쓰이 쏨 สีส้ม	쓰이 을르앙 สีเหลือง
  베트남어	마우 깜 màu cam	방 vàng

초록색 GREEN	파란색 BLUE
그뤼인 green	블루우 blue
미도리 緑	부루우 | 아오 ブルー | 青
을뤼 써 绿色	을란 써 蓝色
쓰이 키아우 สีเขียว	쓰이 남응언 สีน้ำเงิน
싼 라 꺼이 xanh lá cây	싼 쟈 쩌이 xanh da trời

분홍색	갈색
핑크 pink	브롸운 brown
핀쿠 ピンク	챠 이로 茶色
펀 훙 써 粉红色	쭝 써 棕色
쓰이 촘푸 สีชมพู	쓰이 남 딴 สีน้ำตาล
마우 홍 màu hồng	너우 nâu

영어 · 일본어 · 중국어 · 태국어 · 베트남어

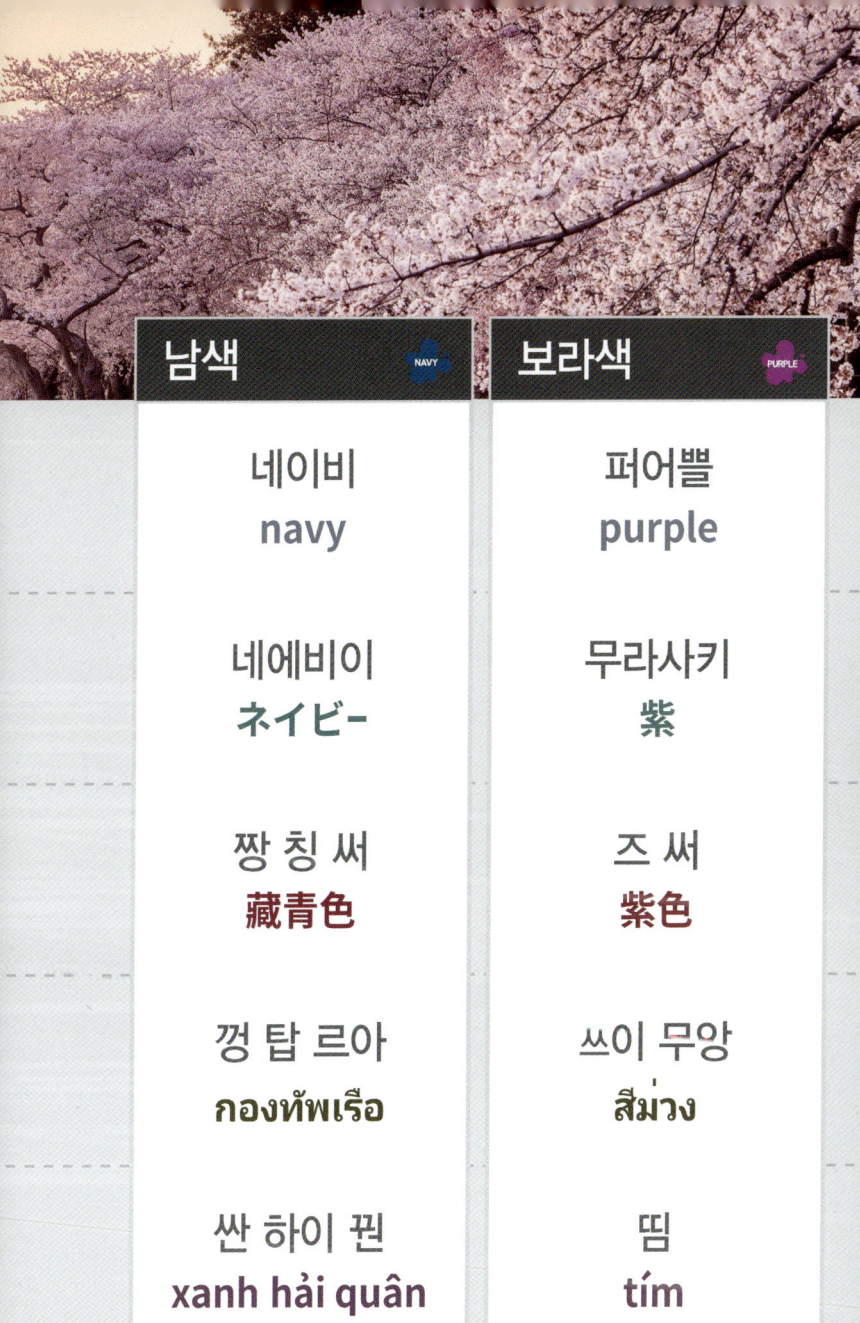

사진 좀 찍어 주세요.

Take a picture, please.

영어

일본어

중국어

태국어

베트남어

관광지에 왔으면
기념사진 한두 장은 필수입니다.

일행과 단체로 사진을 찍고 싶거나
혼자 여행을 가서
셀카를 찍기 난감할 때는,
지나가는 사람에게
사진을 찍어 달라고 부탁해 보세요.

테익 어 픽쳐, 플리이즈.
Take a picture, please.
취하다 하나의 사진, 부탁합니다.

샤신 톳테 쿠다사이.
写真 とって ください。
사진 찍어 주세요.

커 이 빵 워 쨔오 쨩 씨앙 마?
kě yǐ bāng wǒ zhào zhāng xiāng ma?
可以 帮 我 照 张 相 吗?
할 수 있다 돕다 나 찍다 장 사진 의문 ?

타이 룹 하이 너어이 크랍.
ถ่าย รูป ให้ หน่อย ครับ.
찍다 사진 주다 조금 요.

씬 하이 쭙 안 쩌 또이.
Xin hãy chụp ảnh cho tôi.
요구하다 찍다 사진 ～에게 나.

PART 02
긴급 상황

나
감기 걸렸어.
I caught a cold.

 영어

 일본어

 중국어

 태국어

 베트남어

아이 카앗 어 코울드.
I caught a cold.
나 잡았다 하나의 감기.

와타시、카제 히키 마시타.
私、風邪 引き ました。
나 감기 걸림 (했습니다).

워 간 마오 을러.
wǒ gǎn mào le.
我 感冒 了.
나 감기 걸리다 완료.

폼 뺀 왓.
ผม เป็น หวัด.
나 이다 감기.

또이 비 깜 란.
Tôi bị cảm lạnh.
나 수동 감기.

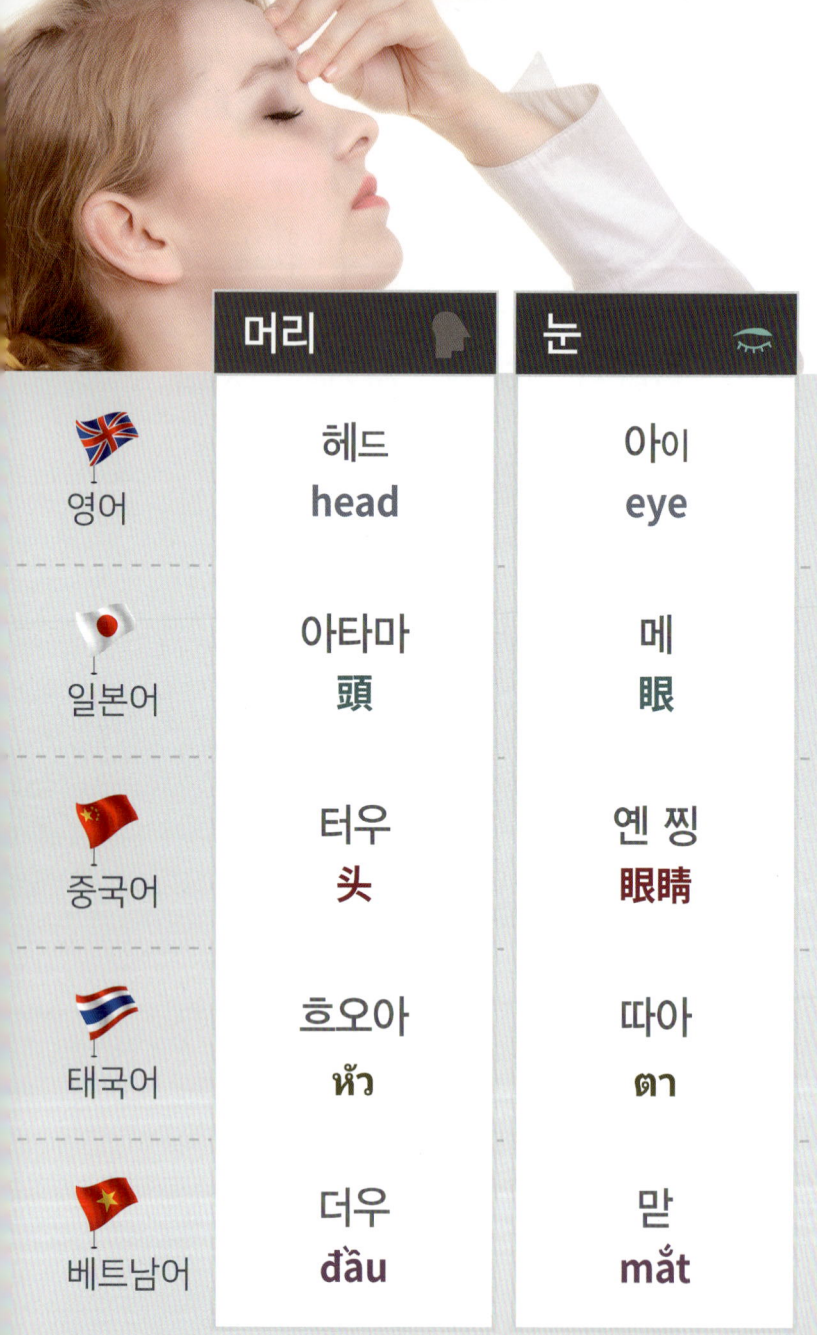

	머리	눈
영어	헤드 head	아이 eye
일본어	아타마 頭	메 眼
중국어	터우 头	옌 찡 眼睛
태국어	흐오아 หัว	따아 ตา
베트남어	더우 đầu	맏 mắt

귀	치아
이어 ear	투우뜨 tooth
미미 耳	하 歯
얼 두어 耳朵	야 츠 牙齿
후 หู	판 ฟัน
따이 tai	장 răng

다쳤어요.
I am hurt.

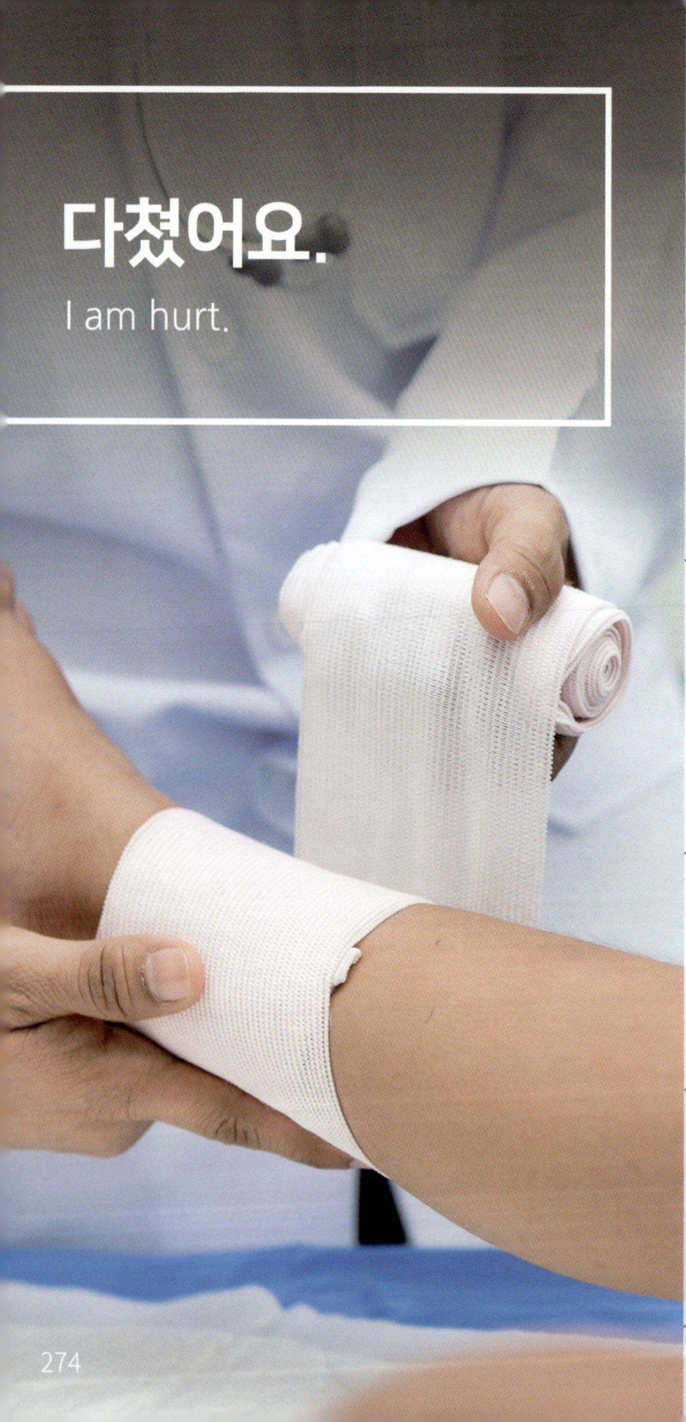

 영어

 일본어

 중국어

 태국어

 베트남어

아이 엠 허어트.
I am hurt.
나 이다 부상.

케가 시 마시타.
怪我 し ました。
부상 함 (했습니다).

워 쎠우 썅 을러.
wǒ shòu shāng le.
我 受伤 了.
나 다치다 완료.

폼 밧 쨉 크랍.
ผม บาดเจ็บ ครับ.
나 상처를 입다 요.

또이 비 트엉.
Tôi bị thương.
나 수동 다치다.

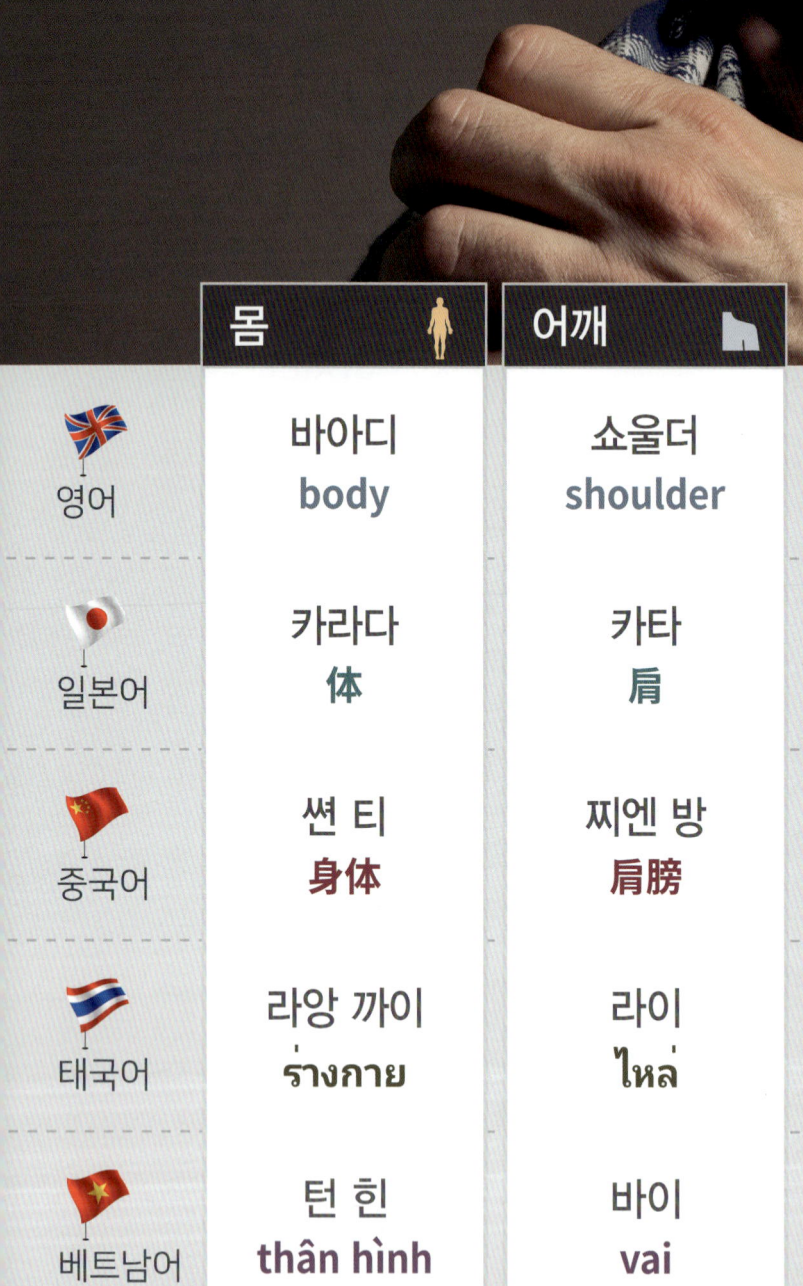

	몸	어깨
영어	바아디 body	쇼울더 shoulder
일본어	카라다 体	카타 肩
중국어	쎤 티 身体	찌엔 방 肩膀
태국어	라앙 까이 ร่างกาย	라이 ไหล่
베트남어	턴 힌 thân hình	바이 vai

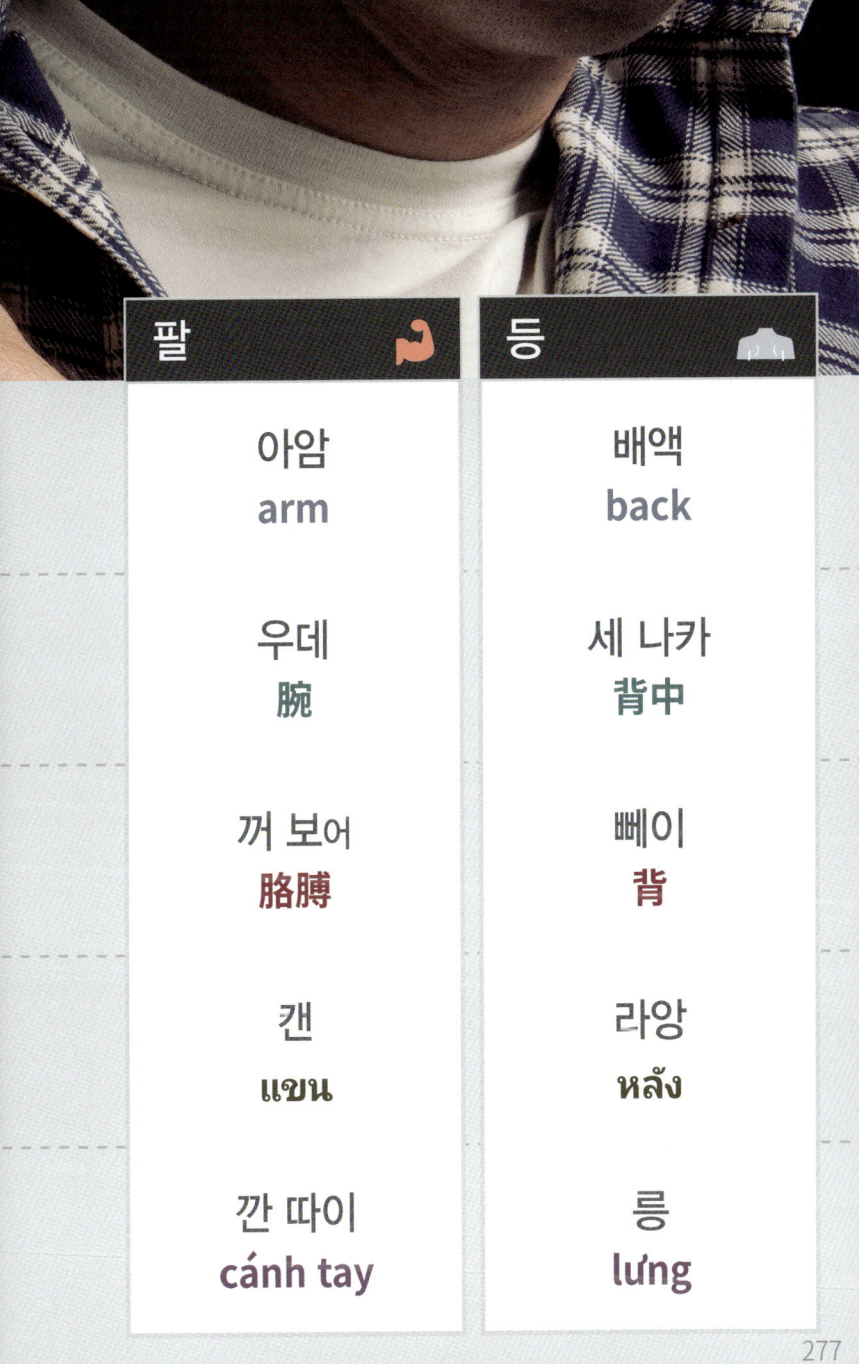

팔

아암
arm

우데
腕

꺼 보어
胳膊

캔
แขน

깐 따이
cánh tay

등

배액
back

세 나카
背中

뻬이
背

라앙
หลัง

릉
lưng

	심장(마음) ♥	위, 배
영어	하앗 heart	스떠믹 stomach
일본어	신 조오 心臓	이 胃
중국어	씬 짱 心脏	웨이 胃
태국어	호아 짜이 หัวใจ	터엉 ท้อง
베트남어	띰 tim	쟈 쟈이 dạ dày

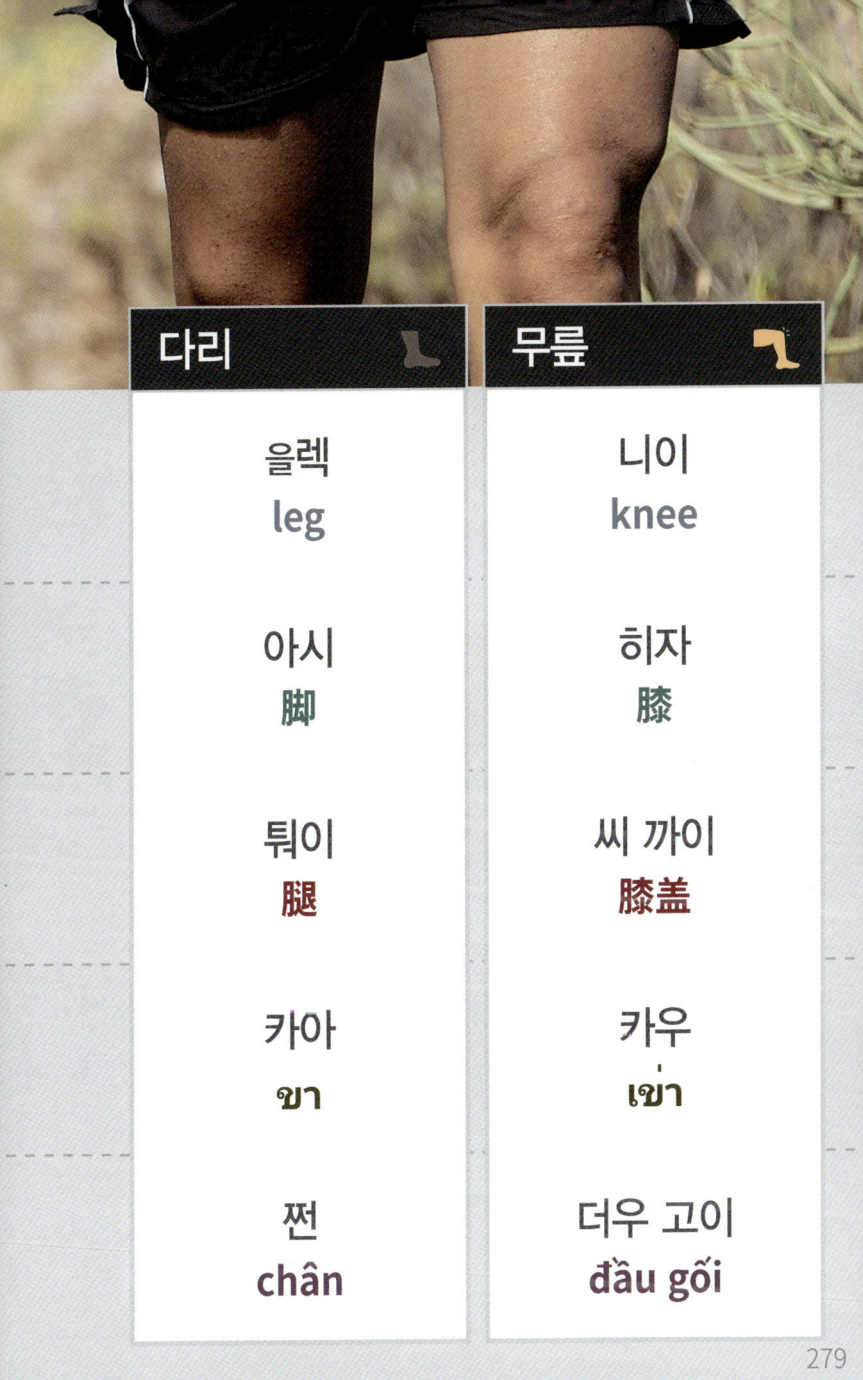

잃어버렸어요.
I lost it.

영어

일본어

중국어

태국어

베트남어

아이 을로오스트 이트.
I lost it.
나 잃어버렸다 그것.

나쿠시테 시마이 마시타.
無くして しまい ました。
잃어 해버림 (했습니다).

워 눙 띠우 을러.
wǒ nòng diū le.
我 弄丢 了.
나 잃어버리다 완료 .

탐 하이 크랍.
ทำ หาย ครับ.
하다 없어지다 요.

또이 멑 너 조이.
Tôi mất nó rồi.
나 잃다 그것 이미.

핸드폰을 잃어버렸어요.
I lost my cellphone.

 영어

 일본어

 중국어

 태국어

 베트남어

아이 을로오스트 마이 쎌포운.
I lost my cellphone.
나 잃어버렸다 나의 핸드폰.

케에타이 오 나쿠시 마시타.
携帯 を なくし ました。
휴대전화 를 잃어버림 (했습니다).

워 더 셔우 찌 띠우 을러.
wǒ de shǒu jī diū le.
我 的 手机 丢 了.
나 ~의 휴대폰 잃어버리다 완료.

폼 탐 토라쌉 므으 트으 하이 크랍.
ผม ทำ โทรศัพท์ มือถือ หาย ครับ.
나 하다 전화기 휴대폰 없어지다 요.

또이 먿 디엔 토와이 지 동.
Tôi mất điện thoại di động.
나 잃어버리다 핸드폰.

여권을
잃어버렸어요.
I lost my passport.

영어

일본어

중국어

태국어

베트남어

아이 을로오스트 마이 패쓰포어트.
I lost my passport.
나 잃어버렸다 내 여권.

파스포오토 오 나쿠시 마시타.
パスポート を なくし ました。
여권 을 잃어버림 (했습니다).

워 더 후 쨔오 띠우 을러.
wǒ de hù zhào diū le.
我 的 护照 丢 了.
나 ～의 여권 잃어버리다 완료.

폼 탐 나앙 쓰으 더언 타응 하이 크랍.
ผม ทำ หนังสือ เดินทาง หาย ครับ.
나 하다 책 여행하다 없어지다 요.

또이 멀 호 찌에우.
Tôi mất hộ chiếu.
나 잃어버리다 여권.

통역이 필요해요.
I need a translator.

- 영어
- 일본어
- 중국어
- 태국어
- 베트남어

아이 니이드 어 트뤤쓸레이터.
I need a translator.
나 필요하다 하나의 통역사.

츠으야쿠 가 히츠요오 데스.
通訳 が 必要 です。
통역 이 필요 입니다.

워 쒸 야오 이 밍 판 이.
wǒ xū yào yì míng fān yì.
我 需要 一 名 翻译.
나 필요하다 하나 명 통역.

폼 떵 깐 을라암 크랍.
ผม ต้องการ ล่าม ครับ.
나 필요하다 통역자 요.

또이 껀 못 응어이 직.
Tôi cần một người dịch.
나 필요하다 하나 통역사.

287

구급차를
불러 주세요.
Ambulance.

 영어

 일본어

 중국어

 태국어

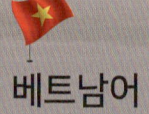 베트남어

앰뷸런스.
Ambulance.
구급차.

큐우큐우샤.
救急車。
구급차.

찌우 후 쳐.
jiù hù chē.
救护车.
구급차.

롯 파야 바안.
รถพยาบาล.
구급차.

쎄 끄우 트엉.
xe cứu thương.
구급차.

열이 납니다.
I have a fever.

 영어

 일본어

 중국어

 태국어

 베트남어

아이 해브 어 피이버.
I have a fever.
나 가지고 있다 하나의 열.

네츠 가 아리 마스.
熱 が あり ます。
열 이 있음 (합니다).

워 파 쌰오 을러.
wǒ fā shāo le.
我 发烧 了.
나 열나다 변화 .

폼 뺀 왓.
ผม เป็น หวัด.
나 이다 감기.

또이 비 쏘.
Tôi bị sốt.
나 수동 열.

병원에 데려다주세요.

Please take me to the hospital.

 영어

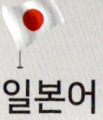 일본어

 중국어

 태국어

 베트남어

플리이즈 테익 미이 투 더 하아스삐틀.
Please take me to the hospital.
부탁합니다 데려가다 나 그 병원으로.

뵤오인 에 츠레테 잇테 쿠다사이.
病院 へ 連れて 行って ください。
병원 에 데려 가 주세요.

칭 쑹 워 취 이 위엔.
qǐng sòng wǒ qù yī yuàn.
请 送 我 去 医院.
부탁하다 존칭 데려다주다 나 가다 병원.

추아이 쏭 폼 빠이 티 롬파야반 너어이 크랍.
Ch̀wy s̀ng p̄hm pị thī̀ rong phyābāl h̄ǹxy khrạb.
도와주다 보내다 나 가다 장소 병원 조금 요.

하이 드어 또이 덴 벤 비엔.
Hãy đưa tôi đến bệnh viện.
권유 건네주다 나 ~까지 병원.

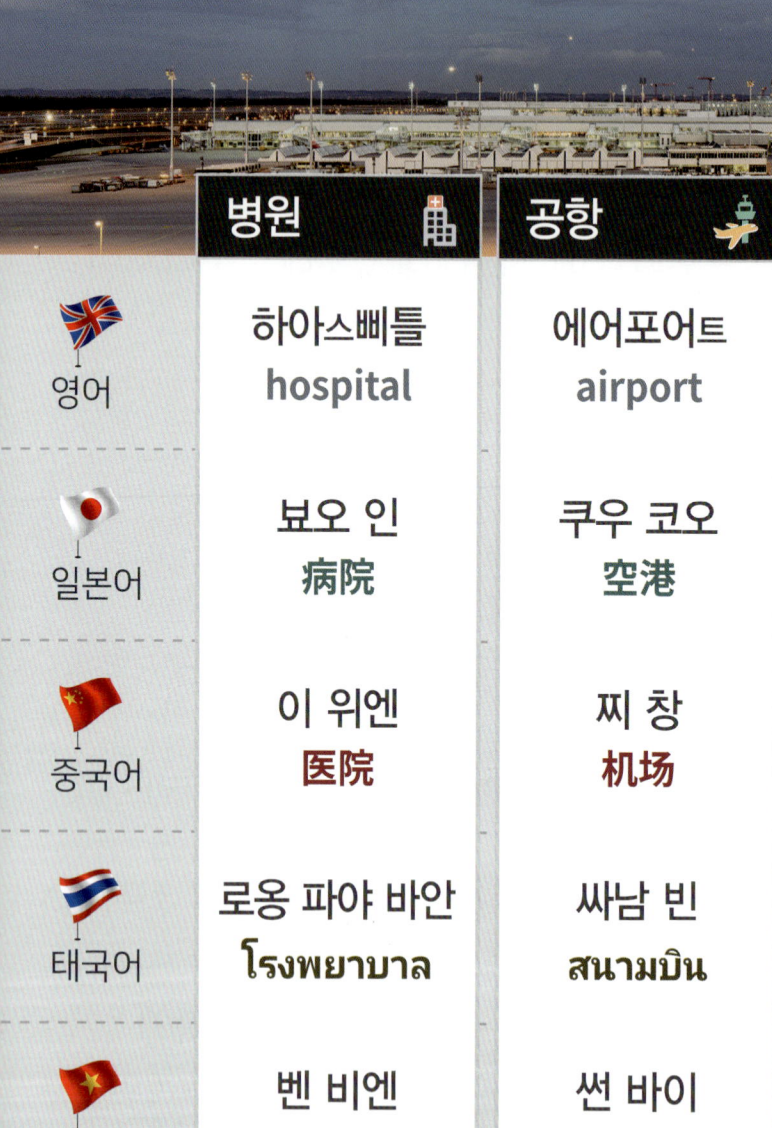

국내의	국제적인
더메스틱 domestic	인터내셔널 international
코쿠 나이 国内	코쿠 사이 国際
구어 네이 国内	구어 찌 国际
나이 쁘라 텟 ในประเทศ	라 왕 쁘라 텟 ระหว่างประเทศ
쫑 느억 trong nước	꾸옥 떼 quốc tế

나는 고혈압이에요.
I have high blood pressure.

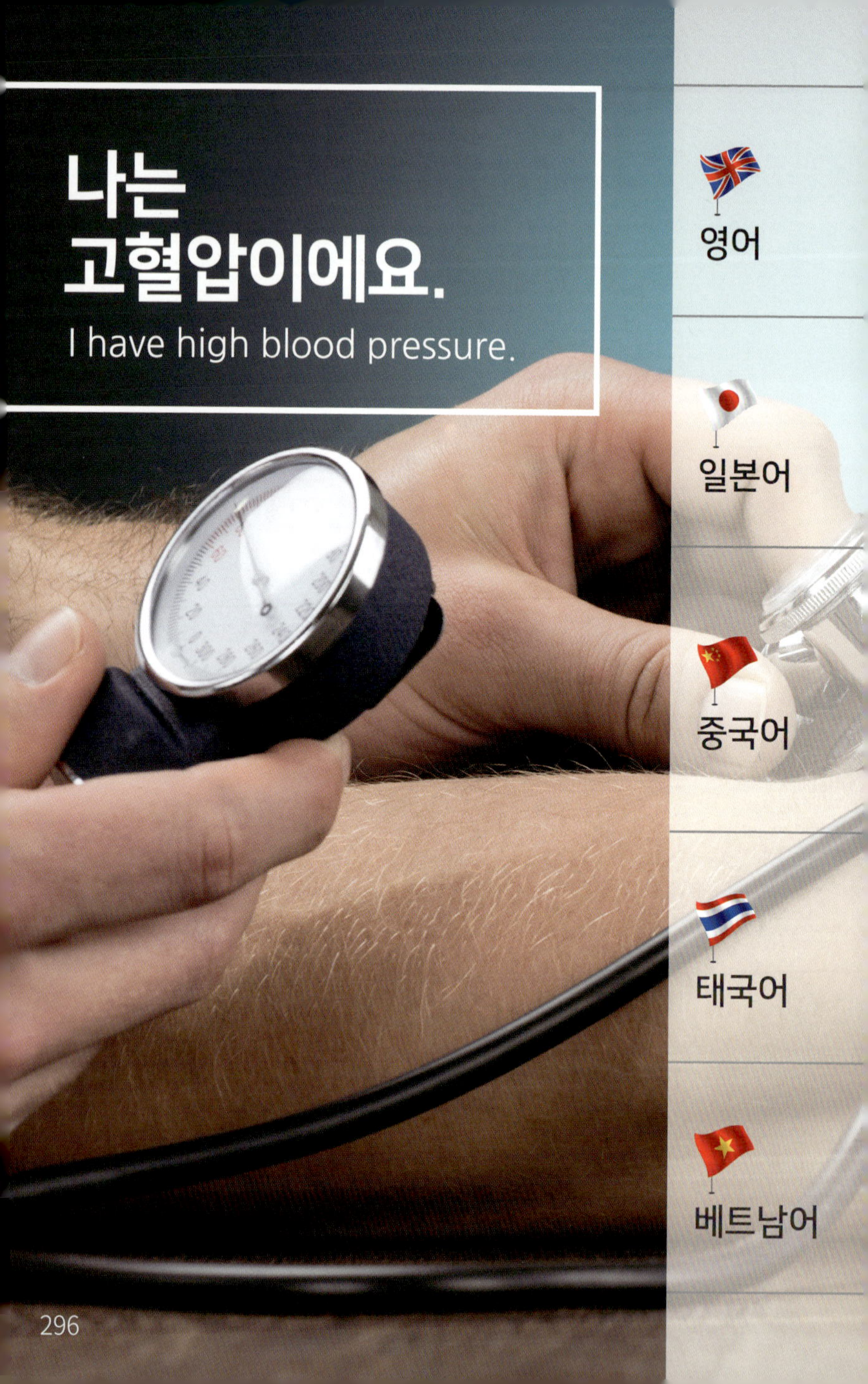

 영어

 일본어

 중국어

 태국어

 베트남어

아이 해브 하이 블러드 프뤠쎠.
I have high blood pressure.
나 가지고 있다 고혈압.

와타시 와 코오케츠아츠 데스.
私 は 高血圧 です。
나 는 고혈압 입니다.

워 여우 까오 쒸에 야.
wǒ yǒu gāo xuè yā.
我 有 高血压.
나 있다 고혈압.

폼 뺀 록 캄단 쑹 크랍.
ผม เป็น โรค ความดัน สูง ครับ.
나 이나 병 혈압 높다 요.

또이 비 후이엣 압 까오.
Tôi bị huyết áp cao.
나 수동 혈압 높은.

297

나는 당뇨가 있어요.
I have diabetes.

 영어

 일본어

 중국어

 태국어

 베트남어

아이 해브 다이어비이티이즈.
I have diabetes.
나 가지고 있다 당뇨.

와타시 와 토오뇨오뵤오 데스.
私 は 糖尿病 です。
나 는 당뇨병 입니다.

워 여우 탕 냐오 삥.
wǒ yǒu táng niào bìng.
我 有 糖尿病.
나 있다 당뇨병.

폼 뺀 바우 완.
ผม เป็น เบาหวาน.
나 이다 딩뇨벙.

또이 비 띠에우 드엉.
Tôi bị tiểu đường.
나 수동 당뇨.

나는 혈압약을 복용하고 있어요.
I am taking a medicine for high blood pressure.

 영어

 일본어

 중국어

 태국어

 베트남어

아이 앰 테이킹 어 메디쓰인 포어 하이 블러드 프뤠쎠.
I am taking a medicine for high blood pressure.
나 이다 취하는 하나의 약 ~을 위해 고혈압.

케츠아츠 노 타메 노 쿠스리 오 논데 이마스.
血圧 の ため の 薬 を 飲んで います。
혈압 ~의 ~을 위해 ~의 약 을 먹고 있습니다.

워 짜이 츠 찌앙 야 야오.
wǒ zài chī jiàng yā yào.
我 在 吃 降压药.
나 하고 있다 먹다 혈압 강하제.

폼 낀 야 을롯 쾀 단 유 크랍.
ผม กิน ยา ลด ความดัน อยู่ ครับ.
나 먹다 약 줄이다 혈압 있다 요.

또이 당 즁 쯔억 찌 까오 후이엣 압.
Tôi đang dùng thuốc trị cao huyết áp.
나 ~하고 있다 사용하다 약 치료하다 높은 혈압.

경찰서가 어디에 있나요?

Where is the police station?

 영어

 일본어

 중국어

 태국어

 베트남어

웨어 이즈 더 펄리이쓰 스떼이션?
Where is the police station?
어디 이다 그 경찰서?

케에사츠쇼 와 도코 데스카?
警察署 は どこ ですか?
경찰서 는 어디 입니까?

칭 원 징 챠 쥐 짜이 나 을리?
qǐng wèn jǐng chá jú zài nǎ lǐ?
请 问 警察局 在 哪里?
부탁하다 존칭 묻다 경찰서 ~에 있다 어디?

사타아니 땀 루앗 유 티 나이 크랍?
สถานี ตำรวจ อยู่ ที่ไหน ครับ?
소재지 경찰 있다 어디 요?

돈 깐 삿 어 더우?
Đồn cảnh sát ở đâu?
초소 경찰 어디에?

경찰 좀 불러 주세요.

Please call the police.

 영어

 일본어

 중국어

 태국어

 베트남어

플리이즈 코올 더 펄리이쓰.
Please call the police.
부탁합니다 부르다 그 경찰.

케에사츠 오 욘데 쿠다사이.
警察 を 呼んで ください。
경찰 을 불러 주세요.

칭 빵 워 쨔오 이 씨아 징 챠.
qǐng bāng wǒ jiào yí xià jǐng chá.
请 帮 我 叫 一下 警察.
부탁하다 존칭 돕다 나 부르다 좀 ~하다 경찰.

토 하 땀 루앗 하이 너어이 크랍.
โทร หา ตำรวจ ให้ หน่อย ครับ.
전화하다 찾다 경찰 주다 조금 요.

씬 하이 거이 깐 삿.
Xin hãy gọi cảnh sát.
요구하다 전화하다 경찰.

이 번호로
연락 좀 해주세요.
Please call this number.

 영어

 일본어

 중국어

 태국어

 베트남어

플리이즈 코올 디쓰 넘버.
Please call this number.
부탁합니다 전화하다 이 번호.

코노 반고오 니 렌라쿠 시테 쿠다사이.
この 番号 に 連絡 して ください。
이 번호 로 연락 해 주세요.

빵 워 을리엔 씨 쩌 거 하오 마.
bāng wǒ lián xì zhè ge hào mǎ.
帮 我 联系 这个 号码.
돕다 나 연락하다 이 번호.

토 하 버어 브으 니 하이 너어이 크랍.
โทร หา เบอร์ นี้ ให้ หน่อย ครับ.
전화하다 찾다 번호 이 지시 주다 조금 요.

하이 거이 쏘 나이.
Hãy gọi số này.
권유 전화하다 번호 이(것).

출발 전에 미리 작성

나의 지병 체크하기

여행 중 병원 진료를 대비해
본인의 병력을 기록해 두었다가,
현지 의료진에게 보여주세요.

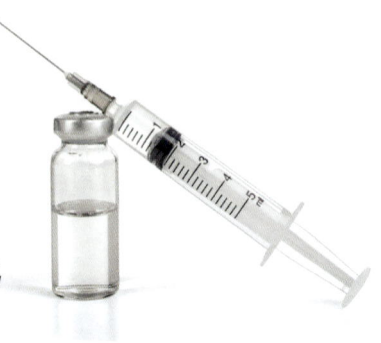

성명 The patient's name :   　　　　　　　　　　　　　　　　송 ☐　우 ☐

병력	Medical history	Cured condition 완치 상태	Currently under treatment 현재 치료 중
B형 간염	Hepatitis B	☐	☐
C형 간염	Hepatitis C	☐	☐
E형 간염	Hepatitis E	☐	☐
위염	Gastritis	☐	☐
위궤양	Gastric ulcer	☐	☐
관절염	Arthritis	☐	☐
류마티스성 질환	Rheumatic disease	☐	☐
결핵	Tuberculosis	☐	☐
폐결핵	Pulmonary tuberculosis	☐	☐
천식	Asthma	☐	☐

고혈압	Hypertension	☐	☐
저혈압	Hypotension	☐	☐
빈혈	Anemia	☐	☐
부정맥	Arrhythmia	☐	☐
신장병	Renal disease	☐	☐
요로결석	Urinary stone	☐	☐
심근경색	Myocardial infarction	☐	☐
협심증	Angina	☐	☐
신장병	Renal disease	☐	☐
요로결석	Urinary stone	☐	☐
당뇨병	Diabetes	☐	☐
통풍	Gout	☐	☐
뇌졸중, 중풍	Stroke	☐	☐
간질	Epilepsy	☐	☐
암	Cancer	☐	☐
녹내장	Glaucoma	☐	☐

출발 전에 미리 작성
배우자의 지병 체크하기

여행 중 병원 진료를 대비해
본인의 병력을 기록해 두었다가,
현지 의료진에게 보여주세요.

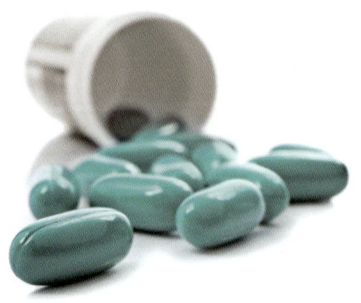

성명 The patient's name : 　　　　　　　　　　　 샹 ☐　　우 ☐

병력	Medical history	Cured condition 완치 상태	Currently under treatment 현재 치료 중
B형 간염	Hepatitis B	☐	☐
C형 간염	Hepatitis C	☐	☐
E형 간염	Hepatitis E	☐	☐
위염	Gastritis	☐	☐
위궤양	Gastric ulcer	☐	☐
관절염	Arthritis	☐	☐
류마티스성 질환	Rheumatic disease	☐	☐
결핵	Tuberculosis	☐	☐
폐결핵	Pulmonary tuberculosis	☐	☐
천식	Asthma	☐	☐

고혈압	Hypertension	☐	☐
저혈압	Hypotension	☐	☐
빈혈	Anemia	☐	☐
부정맥	Arrhythmia	☐	☐
신장병	Renal disease	☐	☐
요로결석	Urinary stone	☐	☐
심근경색	Myocardial infarction	☐	☐
협심증	Angina	☐	☐
신장병	Renal disease	☐	☐
요로결석	Urinary stone	☐	☐
당뇨병	Diabetes	☐	☐
통풍	Gout	☐	☐
뇌졸중, 중풍	Stroke	☐	☐
간질	Epilepsy	☐	☐
암	Cancer	☐	☐
녹내장	Glaucoma	☐	☐

병원 도착 후에 작성

현지 병원에서 1

이 페이지는 여행 전에 미리 작성하지 않습니다.
진료받는 날의 증상을 바로 기록해 제출해주세요.

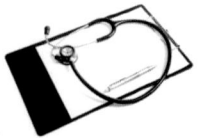

성명 The patient's name : 　　　　　　　　　　　　　　　　　　 ♂ ☐　우 ☐

증상	Symptom	Symptoms Yesterday 어제의 증상	Symptoms Today 오늘의 증상
오한	Chills	☐	☐
감기	Cold	☐	☐
구토	Throw up	☐	☐
메스꺼움	Feel like to throw up	☐	☐
어지러움	Whirl	☐	☐
두통	Headache	☐	☐
편두통	Migraine	☐	☐
이명	Tinnitus	☐	☐
소화불량	Indigestion	☐	☐
설사	Diarrhea	☐	☐
식중독	Food poisoning	☐	☐
코피	Nosebleed	☐	☐
탈수증	Dehydration	☐	☐
일사병	Sunstroke	☐	☐
		☐	☐
		☐	☐

> 병원 도착 후에 작성

현지 병원에서 2

이 페이지는 여행 전에 미리 작성하지 않습니다.
진료받는 날의 증상을 바로 기록해 제출해주세요.

성명 The patient's name : 　　　　　　　　　♂ ☐　우 ☐

증상	Symptom	Symptoms Yesterday 어제의 증상	Symptoms Today 오늘의 증상
오한	Chills	☐	☐
감기	Cold	☐	☐
구토	Throw up	☐	☐
메스꺼움	Feel like to throw up	☐	☐
어지러움	Whirl	☐	☐
두통	Headache	☐	☐
편두통	Migraine	☐	☐
이명	Tinnitus	☐	☐
소화불량	Indigestion	☐	☐
설사	Diarrhea	☐	☐
식중독	Food poisoning	☐	☐
코피	Nosebleed	☐	☐
탈수증	Dehydration	☐	☐
일사병	Sunstroke	☐	☐
		☐	☐
		☐	☐

휴대전화 이용하기

여행지에 도착하면 온갖 걱정이 밀려옵니다.
보일러를 켜 두고 온 것이 아닌지 가스 밸브는 잠갔는지
아무리 기억하려고 해도 도무지 기억이 나지 않죠.
당장에라도 집에 있는 가족들에게 전화를 걸어
확인하고 싶은 생각이 밀려오죠.

또한, 화장실에 간다던 일행이 돌아오지 않는다든가
한눈을 파는 사이 일행으로부터 멀어졌다든가 할 때
휴대전화를 사용하지 못한다면,
매우 난감한 상황에 부닥칠 수 있습니다.

따라서 국외에서 휴대전화 이용은
선택이 아닌 필수입니다.

1. 자동 로밍 서비스

가장 간편한 방법은 자동 로밍 서비스를 이용하는 것입니다. 대부분 휴대전화는 별도로 서비스를 요청하지 않더라도 국외 통신사의 통신망과 바로 연결이 됩니다. 그러나 요금에 대한 약정 없이 국외 통신사를 이용하는 것이므로 통신비가 매우 비싸다는 단점이 있습니다. 따라서 자동 로밍 서비스를 이용할 경우, 전화는 꼭 필요할 때만 사용해야 하며, 수신보다 발신 요금이 더 비싸다는 것에 유의해야 합니다.

2. 로밍 요금제

로밍 요금제를 사용하면, 자동 로밍 서비스보다 훨씬 저렴한 가격에 국외 통신망을 이용할 수 있습니다. 그러나 출국 전에 반드시 별도의 가입 신청을 해야 합니다. 이용중인 통신사의 콜센터에 연락하거나, 공항에 있는 통신사 부스에 방문하여 신청 가능합니다.

3. 현지 와이파이 서비스

통신 요금이 부담스럽다면, 무엇보다 경제적인 방법은 이용 중인 통신사에 자동로밍 차단 서비스를 신청한 후 현지 와이파이만을 이용하는 것입니다. 호텔이나 식당, 카페 등에서 제공하는 무료 와이파이를 통해 카카오톡 등의 메신저를 사용할 수 있습니다. 그러나 이 방법을 이용할 경우, 통화가 필요한 긴급 상황 발생 시 유연하게 대처하기 어렵습니다.

일행에서 떨어져 나왔거나 길을 잃었을 때

간혹 투어 중 일행과 떨어져
길을 잃는 불행한 상황이 발생할 수 있습니다.
그럴 땐 너무 당황하지 마시고,
일단 옆의 순서에 따라 침착하게 행동해주세요.

STEP 1
현지 가이드의 연락처를 받아두기

여행지에서 발생하는 일 대부분은, 현지 가이드와 연락하는 것만으로 간단히 해결할 수 있습니다.

👤	이름 Name
📱	전화번호 Phone number
👤	이름 Name
📱	전화번호 Phone number
👤	이름 Name
📱	전화번호 Phone number
👤	이름 Name
📱	전화번호 Phone number
👤	이름 Name
📱	전화번호 Phone number

STEP 2-1
휴대전화가 있는 경우

1. 현지 가이드와 연락하기
가장 우선으로 해야 할 일은 현지 가이드와 연락을 취하는 것입니다. 이때 미리 적어둔 현지 가이드의 연락처로 전화하면 됩니다.

2. 한국에 있는 여행사에 연락하기
현지 연락처가 없는 경우, 한국에 있는 여행사에 연락해야 합니다. 여행사에서 바로 연락을 받지 못하는 경우가 발생할 수 있으므로 한국에 있는 가족에게 알려 대신 연락을 하도록 하는 것이 좋습니다.

3. 택시를 이용하여 숙소로 이동
현지 호텔의 명함이나 주소를 갖고 있다면, 바로 택시를 타고 숙소로 이동하면 됩니다.

STEP 2-2
휴대전화가 없는 경우

1. 일단 숙소로 이동
현지 호텔의 명함이나 주소를 갖고 있다면, 일단 숙소로 이동하는 것이 좋습니다.

2. 영사관에 도움을 요청
만약 호텔 주소도 모른다면 영사관에 도움을 청해야 합니다. 본 책의 319페이지를 보여주면 됩니다.

최후의 수단
대사관에 전화하기

만약 휴대폰도 없고, 숙소의 주소도 모른다면
대사관의 도움이 필요합니다.
현지에 있는 사람들에게 이 페이지를 보여주고,
전화해 달라고 요청하세요.

영어

Please contact the Korean embassy.
플리이즈 카안택트 더 커뤼이안 엠버쓰이.

일본어

韓国 大使館 に 連絡 して ください。
칸코쿠 타이시칸 니 렌라쿠 시테 쿠다사이.

중국어

请 联系 韩国 大使馆.
칭 을리엔 씨 한 구어 따 스 관.

태국어

กรุณา ติดต่อ สถานทูต เกาหลี ครับ.
까루나 띳 떠 사타안 투웃 가우 을리이 크랍.

베트남어

Xin hãy liên hệ với Đại sứ quán Hàn Quốc.
씬 하이 리엔 헤 버이 다이 쓰 꽌 한 꾸옥.

각 국가 주재 한국대사관 전화번호

영국	United Kingdom	+44-(0)20-7227-5500
미국	United States of America	+202-939-5600
필리핀	Republika ng Pilipinas	+(63-2)-856-9210
중국	中華人民共和國	+86-10-8531-0700
일본	日本	+(81-3)-3452-7611/9
태국	ราชอาณาจักรไทย	+662-247-7537~39
베트남	Việt Nam	+04-3831-5110
캄보디아	កម្ពុជា	+(855-23)211-900/3
라오스	ລາວ	+856-21-352-031
인도네시아	Indonesia	+62-21-2967-2555
말레이시아	Malaysia	+(603)-4251-2336
프랑스	La République de France	+01-47-53-01-01
스위스	Swiss Confederation	+41-(0)31-356-2444
독일	Deutschland	+49-(0)30-260-650
헝가리	Magyarország	+36-1-462-3080
오스트리아	Oesterreich	+43-664-8892-6758
그리스	Ελλάδα	+30-210-698-4080/2
터키	Türkiye	+90-312-468-4821~3
이탈리아	Italia	+39-06-802461
스웨덴	Sverige	+(46-8)-5458-9400